LA LUXURE
ET
LA PARESSE

PAR

EUGÈNE SUE.

MADELEINE.

II

PARIS
ALEXANDRE CADOT, ÉDITEUR,
32, RUE DE LA HARPE
—
1849

LA LUXURE.

Ouvrages du Marquis de Foudras.

EN VENTE.
JACQUES DE BRANCION.
5 vol. in-8.

Les Gentilshommes chasseurs.	2 vol.
Les Viveurs d'autrefois.	4 vol.
Les Chevaliers du Lansquenet	10 vol.
Lord Algernon	4 vol.
Madame de Miremont	2 vol.
Lilia la Tyrolienne.	4 vol.
Tristan de Beauregard.	4 vol.
Suzanne d'Estouville.	4 vol.
La comtesse Alvinzi.	2 vol.

Sous presse.

Dames de cœur et Dames de pique.
Un Caprice de grande dame.
Le dernier des Roués.
Un Drame en famille.
Un Capitaine de Beauvoisis.
Les Veillées de la Saint Hubert.

Ouvrages de A. de Gondrecourt.

EN VENTE.

Les Péchés mignons	5 vol.
Médine.	2 vol.
La Marquise de Candeuil.	2 vol.
Un Ami diabolique	5 vol.
Les derniers Kerven.	2 vol.

Sous presse.

La Chasse aux diamants.
Le Bout de l'oreille.

Ouvrage d'Alexandre Dumas.

LA COMTESSE DE SALISBURY.
6 volumes in-8.

On vend séparément les derniers volumes pour compléter la première édition.

E. Dépée, imprimeur à Sceaux.

LA LUXURE
ET
LA PARESSE

PAR

EUGÈNE SUE.

MADELEINE.

II

PARIS
ALEXANDRE CADOT, ÉDITEUR,
32, RUE DE LA HARPE.
—
1849

XI

XI

— SUITE. —

Presque aussitôt une voiture s'approcha ; l'on y transporta le blessé ; quelques minutes ensuite, témoins ou acteurs du duel, tous avaient disparu. Cela s'était passé si rapidement, que j'aurais cru avoir rêvé, sans le souvenir de mon *héros,* qui depüis m'est toujours resté présent à la pensée, comme l'idéal de ce qu'il y a de plus beau, de plus brave et de plus généreux au monde.

— Maintenant, Madeleine, je conçois que, dans de pareilles circonstances, on puisse, en cinq minutes, ressentir une impression profonde... ineffable peut-être... Ainsi... ton héros... tu ne l'as jamais revu?

— Jamais, te dis-je. J'ignore jusqu'à son nom, et si je dois me marier... ce ne sera qu'avec lui.

— Madeleine, tu sais que notre ancienne amitié m'autorise à être franche avec toi!

— Peut-il en être autrement?

— Il me semble que tu portes cette grande passion... bien allègrement?

— Pourquoi serais-je triste ?

— Mais quand on aime... passionnément... rien de plus cruel que l'absence, que la séparation... et surtout que la crainte de ne plus jamais revoir l'objet aimé.

— Il est vrai, et pourtant les effets de cette passion profonde, je te le jure... se manifestent tout autrement chez moi...

— Que te dirai-je? Lorsque j'ai commencé à aimer Charles, je serais morte de chagrin si l'on m'avait séparée de lui.

— C'est singulier!... ma passion à moi, je te le répète, se traduit d'une façon toute contraire... Il n'est pas de jour où je ne songe à mon héros... à mon idéal... pas de jour où je ne me rappelle avec amour, et dans les plus petits détails, l'unique circonstance où je l'ai vu... pas de jour où je n'élève vers lui toutes mes pensées, pas de jour où je ne triomphe d'orgueil en le comparant à tous ; car il est plus beau que les plus beaux, plus généreux que les plus généreux ; pas de jour enfin où, grâce à lui, je ne me berce des plus beaux rêves, Oui, il me semble que mon âme est à jamais attachée à la sienne, par des liens aussi mystérieux qu'indissolubles... J'ignore enfin si je le reverrai jamais, et je ne sens au cœur que charme et allégresse.

— A mon tour, je dis comme toi, ma chère Madeleine, c'est singulier...

— Voyons, Sophie, parlons sincèrement... nous sommes seules, et, entre femmes... (quoique je sois encore demoiselle à marier...) on se dit tout... Tu trouves, n'est-ce pas? mon amour un peu... platonique... tu t'étonnes de me voir insouciante ou ignorante de ce trouble enivrant que tu as dû ressentir lorsque, pour la première fois, la main de ton Charles a pressé amoureusement la tienne?...

— Allons... Madeleine... tu es folle...

— Sois franche, je t'ai devinée?

— Un peu... mais moins que tu ne le penses...

— Ce peu m'a suffi pour pénétrer ta secrète pensée... Madame la matérialiste...

— Encore une fois, Madeleine, tu es folle...

— Oh... oh... pas si folle...

Puis, après un moment de silence, la marquise reprit en souriant :

— Si tu savais, Sophie... ce qu'il y a d'étrange, d'extraordinaire, je dirais presque d'incompréhensible pour moi-même, dans certaines circonstances de ma vie ! Que d'aventures bizarres me sont arrivées, depuis que nous nous sommes quittées... Mon médecin et mon ami, le célèbre docteur *Gasterini*, grand philosophe d'ailleurs, m'a dit cent fois qu'il n'y avait pas au monde une créature aussi singulièrement douée que moi.

— Explique-toi.

— Plus tard... peut-être.

— Pourquoi pas maintenant ?

— S'il s'agissait d'un chagrin à épancher, est-ce que j'hésiterais ? mais, malgré ce qu'il y a de très extraordinaire dans ma vie... ou peut-être à cause de cela, je me trouve, te dis-je, la plus heureuse des femmes... Attends-moi à mon premier chagrin... Eh! mon Dieu! tiens... à cette heure... j'ai presque du chagrin, car c'en est un que d'avoir conscience d'un manque de cœur... ou de souvenir.

— Un manque de souvenir?

— Et Antonine... ne l'ai-je pas oubliée depuis que je suis ici, pour ne te parler que de moi? Est-ce mal? Est-ce assez d'ingratitude?

— Je serais au moins aussi coupable que toi, mais nous n'avons pas de reproches à nous faire : ce matin elle est venue m'apporter ta lettre et m'annoncer ton arrivée... Songe à sa joie, car elle a conservé pour toi, et tu peux m'en croire, le plus tendre attachement.

— Pauvre petite! quel tendre et charmant naturel! Mais, dis-moi, si elle a tenu ce qu'elle promettait, elle doit être jolie comme un ange, avec ses quinze ans à peine fleuris!

— Tu as raison, c'est un bouton de rose pour la fraîcheur ; ajoute à cela les traits les plus fins, les plus délicats que l'on puisse rencontrer. Après la mort de sa plus proche parente, elle est, tu le sais sans doute, venue habiter avec son oncle, le président Hubert, qui a toujours été parfait pour elle. Malheureusement, il est fort gravement malade, et si elle le perdait, elle serait sans doute obligée d'aller demeurer chez des parents éloignés, et cette pensée l'attriste. D'ailleurs tu la verras, elle te fera toutes ses confidences... Il en est une qu'elle m'a faite presque tout entière, afin de me demander mes conseils, car les circonstances étaient assez graves...

— Et cette confidence ?

« — Si vous voyez Madeleine avant moi, —
« m'a dit Antonine, — ne lui apprenez rien,
« ma chère Sophie. Je désire lui tout con-
« fier moi-même ; c'est un droit que me

« donne son affection pour moi; j'ai d'au-
« tres raisons encore pour vous faire cette
« recommandation. » Tu vois, ma chère
amie, que, forcément, je dois être discrète.

— Je n'insiste pas pour en savoir davantage... Aujourd'hui ou demain, j'irai voir
cette chère enfant, — répondit la marquise
en se levant pour prendre congé de madame
Dutertre.

— Tu me quittes déjà, Madeleine?

— Malheureusement, il le faut... j'ai rendez-vous de trois à quatre heures, chez l'envoyé du Mexique, mon compatriote; il doit
me conduire demain chez une altesse royale

étrangère... Tu le vois : je suis dans les grandeurs.

— Une altesse ?

— Tellement altesse... que, comme tous les princes appartenant aux familles souveraines étrangères, il habite l'Élysée-Bourbon durant son séjour à Paris.

Madame Dutertre ne put retenir un mouvement de surprise, et dit, après une minute de réflexion :

— C'est singulier !

— Quoi donc, Sophie ?

— Antonine habite dans une maison qui touche à l'Élysée... Cela n'a rien de bien surprenant, sans doute... mais...

— Mais?

— Je ne puis t'en dire plus, Madeleine; lorsque tu auras entendu la confidence d'Antonine, tu comprendras pourquoi j'ai été frappée d'un certain rapprochement.

— Qu'y a-t-il de commun entre Antonine et l'Élysée ?

— Encore une fois, ma chère amie, attends les confidences d'Antonine.

— Soit, chère mystérieuse... Du reste, je ne savais pas qu'elle habitât une maison voisine du palais; je lui avais adressé une lettre à son ancienne demeure. Cela se rencontre d'ailleurs à merveille ; j'irai la voir avant ou après mon audience avec le prince.

— Allons, te voilà tout-à-fait grande dame...

— Plains-moi plutôt, ma chère Sophie, car il est question d'une supplique... non pas pour moi, j'ai peu l'habitude de supplier... mais il s'agit de rendre un grand service à une famille proscrite et digne du plus vif intérêt. La mission est fort délicate, fort difficile ; j'ai cependant consenti à m'en charger, lors de mon départ de Venise... et je veux du moins tout tenter pour réussir.

— Et certainement tu réussiras... Est-ce que l'on peut te refuser quelque chose? Souviens-toi donc, qu'à la pension... dès qu'il y avait une demande à adresser à notre maîtresse, c'était toujours toi que l'on choisissait pour ambassadrice, et l'on avait raison... car, en vérité, on dirait que tu as un talisman pour tout obtenir.

— Je t'assure, ma bonne Sophie, — répondit Madeleine en souriant malgré elle, — je t'assure, que je suis magicienne souvent malgré moi... Mon Dieu! — ajouta la marquise en riant, — que j'aurais donc à ce sujet de bonnes folies à te raconter!... Enfin... plus tard nous verrons... Allons, chère Sophie, adieu et à bientôt...

— Oh! oui, à bientôt!... Je t'en conjure...

— Mon Dieu, tu peux compter sur moi presque tous les jours... car je suis un oiseau de passage, et je suis décidée à bien employer mon temps à Paris; c'est te dire si je te verrai souvent!

— Comment, déjà tu penses à t'éloigner?

— Je ne sais; cela dépendra de l'inspiration que me donnera mon héros... ma passion... mon idéal... car jamais je ne me décide à rien sans le consulter par la pensée...

Mais, comme il m'inspire toujours à merveille, je ne doute pas qu'il ne m'engage à rester auprès de toi le plus longtemps possible...

— Ah! mon Dieu! Madeleine... mais j'y songe... tu as dit à mon mari que tu avais un service à lui demander?...

— C'est vrai... je l'oubliais, la chose est toute simple : je n'entends rien aux affaires d'argent. En Allemagne, je m'en suis dernièrement aperçue à mes dépens... J'avais une lettre de crédit sur un certain Aloysius Schmidt, de Vienne, il m'a indignement friponnée; aussi me suis-je promis d'être sur mes gardes à l'avenir ; j'ai donc pris une autre lettre de crédit sur Paris... Je voudrais que ton mari eût la bonté d'aller demander pour moi l'argent dont j'aurais besoin ; il en prendrait note, veillerait ainsi à mes intérêts, et, grâce à lui, je ne serais plus exposée à tomber entre les griffes d'un nouvel Aloysius Schmidt.

— Rien de plus facile, ma chère Madeleine, Charles se substituera à toi pour la lettre de crédit, et il vérifiera de près tous tes comptes.

—Ce sera d'autant plus nécessaire, qu'entre nous l'on m'a dit que la personne sur qui l'on me donnait cette lettre de crédit était puissamment riche, solvable autant que qui que ce fût, mais retors et arabe au dernier point.

Tu fais bien de me prévenir; Charles redoublera de surveillance.

— Du reste, ton mari, qui est dans les affaires, doit connaître l'homme dont je parle; il est, dit-on, l'un des plus grands capitalistes de France.

— Comment le nommes-tu?

— Monsieur Pascal.

— M. Pascal! — répéta madame Dutertre.

Et elle ne put s'empêcher de pâlir et de frissonner.

La marquise, s'apercevant de l'émotion de son amie, lui dit vivement :

— Sophie... qu'as-tu donc?

— Rien... rien... je t'assure...

— Je vois bien que tu as quelque chose... Je t'en prie... réponds-moi.

— Eh bien!... s'il faut te le dire... mon mari a été en rapport d'affaires avec M. Pascal... Malheureusement une assez grande mésintelligence s'en est suivie... et...

— Comment... Sophie... tu es assez peu raisonnable pour t'impressionner aussi vivement de ce que, par suite de sa mésintelligence avec M. Pascal, ton mari ne peut sans doute me rendre le bon office que j'attends de lui.

Madame Dutertre, voulant laisser son amie dans son erreur, tâcha de redevenir calme et lui dit :

— En effet... cela me contrarie beaucoup de penser pue Charles ne pourrait te rendre le premier service que tu nous demandes...

— Tiens, Sophie, tu me ferais presque regretter de m'être adressée si cordialement à toi...

— Madeleine...

— En vérité, ne voilà-t-il pas un beau malheur! Et d'ailleurs, afin de n'être pas trompée, je m'adresserai directement à ce M. Pascal; mais je lui demanderai mes comptes chaque semaine; ton mari les examinera, et, s'ils ne sont pas nets, je saurai parfaitement bien m'en plaindre à monsieur mon banquier et en prendre un autre.

— Tu as raison, Madeleine, — dit Sophie en reprenant peu à peu son sang-froid, — et le contrôle de mon mari... te sera en effet plus nécessaire que tu ne le penses.

— Ainsi... ce M. Pascal est... un arabe?

— Madeleine... — dit madame Dutertre sans pouvoir en ce moment vaincre son émotion, — je t'en conjure... et laisse-moi te parler en amie, en sœur... Sous quelque raison, sous quelque prétexte que ce soit, ne te mets pas dans la dépendance de M. Pascal.

— Que veux-tu dire... Sophie?

— En un mot, s'il t'offre ses services... refuse-les...

— Ses services? mais je n'ai aucun service à lui demander. J'ai une lettre de crédit sur lui, j'irai ou j'enverrai prendre de l'argent à sa caisse lorsque j'en aurai besoin... voilà tout.

— Soit... mais enfin... tu pourrais par étourderie... par ignorance des affaires, outrepasser ton crédit... et alors...

— Et alors?

— Je sais cela par... par une personne qui nous l'a dit à Charles et à moi; une fois que M. Pascal vous tient en sa dépendance... vois-tu, il abuse cruellement... oh! bien cruellement de son pouvoir.

— Allons, ma bonne Sophie, je vois que tu me prends pour une prodigue... pour une écervelée. Rassure-toi et admire-moi; j'ai tant d'ordre, que chaque année je fais quelques économies sur mon revenu, et quoique minimes, ce sont ces économies que je mettais à ta disposition.

— Chère et tendre amie... merci, mille fois merci, je te le répète ; la crise dont moi et mon mari nous nous préoccupons... aura bientôt un terme ; mais, encore une fois... défie-toi de M. Pascal... Lorsque tu auras vu Antonine... je t'en dirai davantage.

— Encore Antonine !... Tu m'en parlais aussi tout-à-l'heure à propos de l'Élysée...

— Oui, tout cela se tient... Tu le verras toi-même après-demain... je m'expliquerai complètement... Ce sera très important pour Antonine.

— Après-demain, donc, ma chère Sophie... Tu irrites, je te l'avoue, beaucoup ma curiosité... et je cherche en vain à trouver ce qu'il peut y avoir de commun entre Antonine et l'Élysée, entre Antonine et cet assez vilain homme (il y paraît, du moins) qui s'appelle M. Pascal.

Trois heures et demie sonnèrent à l'horloge de la fabrique.

— Mon Dieu que je suis en retard, — dit Madeleine à son amie. — Je me sauve bien vite... non pas cependant sans avoir embrassé tes anges d'enfants.

Les deux femmes quittèrent le salon.

Nous reviendrons avec le lecteur à l'Élysée-Bourbon où nous avons laissé l'archiduc seul après le départ de M. Pascal.

XII

IX

XII

L'archiduc, soucieux, préoccupé, se promenait de long en large dans son cabinet, pendant que le secrétaire de ses commandements lui analysait, à mesure qu'il les décachetait, les lettres reçues dans la journée.

— Cette dépêche, Monseigneur, — poursuivit le secrétaire, — est relative au colonel

Pernetti, exilé en Angleterre avec sa famille... L'on croit devoir prévenir Votre Altesse de se tenir en garde contre les démarches et les prières des amis du colonel Pernetti.

— Je n'avais pas besoin de cette recommandation. Les principes républicains de cet homme sont trop dangereux pour qu'à aucun prix j'écoute qui que ce soit en sa faveur... Poursuivez.

— Son Éminence l'envoyé plénipotentiaire de la république mexicaine demande la grâce de présenter une de ses compatriotes à Votre Altesse. Il s'agit d'un intérêt très urgent, et l'on solliciterait des bontés de Votre Altesse une audience pour demain...

— La liste d'audience est-elle bien chargée pour demain ?

— Non, Monseigneur.

— Écrivez que je recevrai demain, à deux heures, M. l'envoyé du Mexique et sa compatriote.

Le secrétaire écrivit.

Au bout d'un instant, l'archiduc lui dit :

— Est-ce que dans cette lettre il n'est pas

fait mention du nom de la personne qui désire m'être présentée?

— Non, Monseigneur...

— Cela est contraire à tous les usages; je n'accorde pas l'audience.

Le secrétaire mit de côté la lettre qu'il venait de commencer d'écrire, et prit une autre feuille de papier.

Cependant le prince, se ravisant après réflexion, ajouta :

— J'accorde l'audience.

Le secrétaire inclina la tête, et, prenant une autre lettre, il se leva et la présenta au prince, sans la décacheter, en lui disant :

— Il y a sur l'enveloppe : *confidentielle et particulière*, Monseigneur.

L'archiduc prit la lettre, la lut; elle était de M. Pascal, et conçue en ces termes familiers :

« Après mûres réflexions, Monseigneur,
« au lieu d'attendre à jeudi, je vous verrai
« demain, sur les trois heures : il *dépendra*
« *de vous absolument,* que notre affaire soit
« conclue et signée séance tenante.

« Votre tout dévoué,

« Pascal. »

Un moment de vive espérance, bientôt tempérée par le ressouvenir des étrangetés du caractère de M. Pascal, avait fait tressaillir le prince, qui reprit froidement :

— Vous inscrirez M. Pascal sur le livre d'audiences pour demain trois heures.

Un aide-de-camp s'étant présenté, demanda si le prince pouvait recevoir M. le comte Frantz de Neuberg.

— Certainement, — dit l'archiduc.

Et après avoir encore travaillé quelques moments avec son secrétaire des commandements, il donna l'ordre d'introduire Frantz.

Frantz se présenta en rougissant devant le prince, son parrain, car Frantz était d'une timidité excessive et d'une candeur dont riraient fort nos roués de vingt ans ; élevé par un pasteur protestant, au fond d'un village d'Allemagne dépendant d'un des nombreux apanages de l'archiduc, le filleul de l'altesse royale n'avait quitté cette solitude austère que pour entrer, à seize ans, dans une école militaire destinée aux gardes-nobles, et tenue avec une rigueur puritaine.

De là Frantz, par ordre du prince, était allé servir dans l'armée russe comme volontaire, lors des guerres du Caucase ; la rude discipline des camps, la sévérité de mœurs du vieux général auprès duquel il avait été envoyé et particulièrement recommandé par son royal parrain; l'ordre d'idées sérieuses ou tristes qu'éveille dans certaines âmes vaillantes, mais tendres et mélancoliques, la vue des champs de bataille, durant une guerre acharnée, sans merci ni pitié; l'habituelle gravité de pensées que donne à ces mêmes âmes, sinon l'attente, du moins la possibilité d'une mort froidement bravée chaque jour au milieu des plus grands périls; le mystère de sa naissance auquel se joignait la pénible certitude de devoir à jamais ignorer la douceur des caresses d'une mère ou d'un père; tout, enfin, avait jusqu'alors concouru à tenir Frantz dans un milieu de circonstances et de réflexions peu faites pour modifier la réserve craintive de son caractère et l'ingénuité de son cœur sincère et bon comme celui d'un enfant; chez Frantz, ainsi que chez tant d'autres, le courage héroïque se conciliait d'ailleurs parfaitement avec une extrême et invincible timidité dans les relations ordinaires de la vie.

Du reste, soit prudence, soit calcul, pendant les six mois que Frantz passa en Allemagne à son retour de la guerre, le prince tint son filleul éloigné de la cour. Cette détermination s'accordait à merveille avec les goûts simples et studieux du jeune homme, car il n'avait jamais rêvé le bonheur que dans les loisirs occupés d'une vie obscure et tranquille; quant aux sentiments qu'il éprouvait pour le prince, son parrain, ils étaient pleins de reconnaissance, de soumission et du plus respectueux attachement, mais contenus dans leur expression timide par l'imposant prestige du rang presque souverain de ce royal protecteur.

L'embarras de Frantz était tel lorsque, après le départ du secrétaire, il se présenta chez son parrain, que d'abord il resta muet, immobile et les yeux baissés.

Heureusement, à la vue du jeune homme, le prince parut oublier ses pénibles préoccupations; sa froide et hautaine physionomie s'attendrit, son front s'éclaircit, un sourire tendre dérida ses lèvres, et, s'adressant affectueusement à Frantz :

— Bonjour, mon enfant, — lui dit-il.

Et, prenant la tête blonde du jeune homme entre ses deux mains, il le baisa tendrement au front; puis il ajouta, comme s'il eût senti le besoin d'épancher à demi son cœur:

— Je suis content de te voir, Frantz... J'ai été ce matin... accablé d'affaires... de tristes affaires... Tiens... donne-moi le bras, allons faire ensemble un tour de jardin...

Frantz ouvrit une des portes vitrées qui donnaient sur un perron, en face de la pelouse, et le parrain, ainsi que son filleul, se dirigèrent bras dessus bras dessous vers l'allée ombreuse, dans laquelle le jeune homme s'était longtemps promené le matin.

— Mais qu'as-tu, mon enfant? dit bientôt le prince, remarquant l'embarras du jeune homme.

— Monseigneur, — répondit Frantz, dont le trouble augmentait, — j'ai une confidence à faire à Votre Altesse Royale.

— Une confidence?... — reprit le prince en souriant. — Voyons la confidence de M. Frantz.

— Une confidence... grave, Monseigneur.

— Voyons... cette grave confidence !

— Monseigneur... je n'ai pas de parents... Votre Altesse Royale a daigné jusqu'ici me tenir lieu de famille...

— Et tu as dignement répondu à mes soins... à toutes mes espérances, mon cher Frantz;... tu les as même dépassées; modeste, studieux... plein de courage, il y a trois ans, quoique bien jeune encore, tu as combattu avec autant d'intelligence que d'intrépidité dans cette terrible guerre, où je t'avais envoyé faire tes premières armes... tu as reçu là le baptême de feu... ta première blessure, mon pauvre enfant... Je ne veux pas parler d'un duel, que je dois ignorer, mais dans lequel tu as encore, je le sais, fait preuve d'autant de bravoure que de générosité...

— Monseigneur...

— Je t'en prie, laisse-moi en ce moment me rappeler tous tes titres à ma tendresse... Cela me fait du bien... Cela me fait oublier d'amers ennuis dont tu es la cause innocente et involontaire.

— Moi, Monseigneur?

— Toi... car si tu continues à me combler de satisfaction, tu ne peux prévoir l'avenir que ma tendre ambition te prépare... la position inespérée qui peut-être t'attend.

— Vous savez, Monseigneur, la simplicité de mes goûts... et...

— Mon cher Frantz, cette modestie, cette simplicité, sont des vertus dans de certaines conditions, tandis que, dans d'autres circonstances, ces vertus deviennent faiblesse et inertie. Mais nous voilà loin de ta confidence... Voyons, qu'as-tu à me dire ?

— Monseigneur...

— Allons, parle... est-ce que je te fais peur ? est-ce qu'il y a dans ton cœur une seule pensée que tu ne puisses avouer le front haut, le regard assuré ?

— Non, Monseigneur... aussi je dirai sans détour à Votre Altesse Royale... que je désire... me marier.

La foudre fût tombée aux pieds du prince, qu'il n'aurait pas été plus étourdi qu'il ne le fut à ces paroles de Frantz ; il dégagea brusquement son bras de celui du jeune homme, se recula de deux pas, et s'écria :

— Vous marier, Frantz ?

— Oui, Monseigneur.

— Mais vous êtes fou !

— Monseigneur...

— Vous marier... à vingt ans à peine... vous marier... quand je songe pour vous à...

Puis, le prince, s'interrompant et redevenant calme et froid par réflexion, ajouta :

— Et... avec qui voulez-vous vous marier... Frantz?...

— Avec mademoiselle Antonine Hubert, Monseigneur.

— Qu'est-ce que c'est que mademoiselle Hubert?... Son nom? comment le dites-vous?

— Hubert... Monseigneur.

— Qu'est-ce que c'est que mademoiselle Hubert?

— La nièce d'un magistrat français, Monseigneur, M. le président Hubert...

— Et où avez-vous connu cette demoiselle?...

— Ici... Monseigneur.

— Ici?... Je n'ai jamais reçu personne de ce nom...

— Quand je dis ici... Monseigneur, je

veux dire... dans cette allée où nous sommes.

— Parlez plus clairement.

— Votre Altesse Royale voit ce mur d'appui qui sépare ce jardin voisin?

— Ensuite?

— Je me promenais dans cette allée, Monseigneur... lorsque, pour la première fois, j'ai aperçu mademoiselle Antonine.

— Dans ce jardin? — reprit le prince en s'avançant jusqu'au mur et après y avoir jeté un coup-d'œil; puis il ajouta :

— Cette demoiselle... demeure donc dans la maison voisine ?

— Oui, Monseigneur... son oncle occupe une partie du rez-de-chaussée...

— Fort bien.

Après quelques moments de réflexion, le prince ajouta sévèrement :

— Vous m'avez offert vos confidences, j'accepte... mais faites-les-moi avec franchise... avec la plus entière sincérité... ou sinon...

— Monseigneur ! — dit Frantz, avec un accent de surprise pénible.

— Soit ! j'ai eu tort, Frantz, de suspecter votre loyauté ;... de votre vie vous ne m'avez menti... Parlez !... je vous écoute.

— Votre Altesse Royale sait que, depuis notre arrivée à Paris, je suis très rarement sorti le soir.

— Il est vrai,... je connaissais votre peu de goût pour le monde, votre excessive timidité, qu'augmentait encore l'appréhension de paraître dans ces salons français si redoutés, et où vous deviez être doublement étranger ; je n'ai pas voulu insister auprès de vous... Frantz, et je vous ai laissé, seul ici... disposer de presque toutes vos soirées...

— C'est pendant une de ces soirées, Monseigneur, qu'il y a six semaines... j'ai vu pour la première fois mademoiselle Antonine dans le jardin voisin... Elle arrosait des fleurs... J'étais accoudé... là... sur ce mur d'appui... Elle m'a vu... Je l'ai saluée... Elle m'a rendu mon salut en rougissant... et a continué d'arroser ses fleurs; deux autres fois encore... elle a levé les yeux de mon côté. Nous nous sommes de nouveau salués... puis, la nuit venant tout-à-fait, mademoiselle Antonine a quitté le jardin...

Il est impossible de rendre la grâce ingénue avec laquelle le pauvre Frantz fit ce naïf récit de sa première entrevue avec la jeune fille... L'émotion de sa voix, la rougeur de son front montraient toute la candeur de cette âme innocente et pure.

— Une question... Frantz, — dit le prince, — cette demoiselle a-t-elle sa mère ?

— Non, Monseigneur... Mademoiselle Antonine a perdu sa mère au berceau, et son père est mort il y a bien des années.

— Son oncle, M. le président Hubert, est-il marié ?

— Non, Monseigneur...

— Et quel âge a-t-elle ?...

— Quinze ans et demi, Monseigneur...

— Et elle... est... jolie?...

— Antonine!!! Monseigneur?...

Dans cette exclamation de Frantz, il y avait presque un reproche, comme s'il était permis d'ignorer la beauté de mademoiselle Antonine.

— Je vous demande, Frantz, — répéta l'archiduc, — si cette jeune fille est jolie?

— Monseigneur se rappelle l'Hébé endormie qu'il a dans la galerie de son palais d'Offenbach?

— Un de mes plus beaux Corréges...

— Monseigneur... mademoiselle Antonine ressemble à ce tableau du Corrége... quoiqu'elle soit bien plus belle encore...

— C'est difficile.

— Monseigneur sait que je dis toujours la vérité, — répondit Frantz ingénument.

— Continuez votre récit...

— Je ne saurais vous dire, Monseigneur, ce que j'ai ressenti lorsque, revenu chez moi... j'ai songé à mademoiselle Antonine... j'étais à la fois agité, inquiet et heureux... Je n'ai pas dormi de la nuit... la lune s'est levée, j'ai ouvert ma fenêtre... et je suis resté à mon balcon jusqu'au jour à regarder le faîte des arbres du jardin de mademoiselle Antonine... Oh! Monseigneur, combien la journée du lendemain m'a paru longue!... Bien avant le coucher du soleil, j'étais là... près du mur... Enfin, mademoiselle Antonine est revenue arroser ses fleurs... A chaque instant, croyant qu'elle m'avait déjà aperçu... je m'apprêtais à la saluer... mais je ne sais comment cela se fit, elle ne me vit pas. Pourtant elle venait arroser tout près du mur, où je me trouvais... J'avais bien envie de tousser légèrement pour lui faire remarquer ma présence... mais... je n'ai pas osé... La nuit venait, j'avais le cœur navré, Monseigneur... Mademoiselle Antonine continuait de ne pas me voir; enfin elle regagna sa maison après avoir déposé son petit arrosoir près de la fontaine; heureusement, le trouvant mal placé là sans doute, elle revint, et l'apporta sur un banc près de son mur. Tournant alors par hasard les yeux vers moi, elle m'a enfin aperçu... Nous nous sommes salués tous les deux en même temps, Monseigneur, et elle est rentrée vite chez elle. Je cueillis alors quelques belles roses, et tâchant d'être adroit, quoique le cœur me battît fort, j'eus le bonheur de laisser tomber le bouquet juste dans l'ouverture de l'arrosoir que mademoiselle Antonine avait laissé là. De retour chez moi, je tremblai en songeant à ce que cette demoiselle penserait en trouvant ces fleurs; j'étais si inquiet, que j'eus envie de redescendre, et de sauter par-dessus le petit mur pour aller retirer le bouquet... Je ne sais quoi me retint... J'espérai que mademoiselle Antonine ne se formaliserait peut-être pas. Quelle nuit je passai, Monseigneur !... Le lendemain, je cours au mur... L'arrosoir et le bouquet étaient toujours sur le banc; mais j'attendis en vain mademoiselle Antonine : elle ne vint pas ce soir-là, ni le lendemain, soigner ses fleurs ; ma tristesse et mes angoisses pendant ces trois jours et ces trois nuits, Monseigneur, je ne saurais vous les peindre, et vous auriez deviné mon chagrin, si, à cette époque, vous n'étiez parti.

— Pour le voyage de la cour à Fontainebleau, sans doute?

— Oui, Monseigneur... Mais, pardonnez-moi, j'abuse peut-être de la patience de Votre Altesse Royale...

— Non... non... Frantz, continuez... je tiens, au contraire, à tout savoir... Continuez, je vous prie, votre récit avec la même sincérité.

XIII

XIII

Frantz de Neuberg, sur l'invitation de l'archiduc, continua donc son récit avec une candeur charmante.

— Depuis trois jours, mademoiselle Antonine n'avait pas paru, Monseigneur; accablé de tristesse, n'espérant plus rien, j'allai pourtant au jardin, à l'heure accoutumée ; quelle fut ma surprise, ma joie, Monseigneur, lorsque arrivant près du mur, je vis au-dessus de moi, mademoiselle Antonine, assise sur le banc ! Elle tenait à sa main, posé sur ses genoux, mon bouquet de roses, fanées depuis longtemps ; elle avait la tête penchée ; je ne voyais que son cou et la naissance de ses cheveux ; elle ne se doutait pas que je fusse là ; je restais immobile, retenant presque ma respiration, tant je craignais de causer son départ, en révélant ma présence... enfin, je m'enhardis et je dis en tremblant, car, pour la première fois, je lui parlais : — Bonsoir, Mademoiselle. — Elle tressaillit ; ce mouvement fit tomber le bouquet fané ; elle ne s'en aperçut pas, et, sans changer d'attitude, sans retourner ou relever la tête, elle me répondit d'une voix aussi basse, aussi émue que la mienne... — Bonsoir, Monsieur... — Me voyant si bien accueilli par elle, Monseigneur, j'ajoutai : — Voilà trois jours que vous n'êtes venue arroser vos fleurs, Mademoiselle. — Il est vrai, Monsieur, — reprit-elle d'une voix toute tremblante, — j'ai été... un peu souffrante... — Oh! mon Dieu! — m'écriai-je avec tant d'inquiétude que mademoiselle Antonine releva un moment la tête vers moi. Je la trouvai, hélas! en effet, bien pâlie, Monseigneur; mais elle reprit bientôt sa première attitude, et je ne vis que son cou, qui me parut légèrement rougir... — Et maintenant, mademoiselle, vous êtes moins souffrante? — Oui, Monsieur, — me dit-elle. Alors j'ajoutai, après un moment de silence : — Vous pourrez au moins revenir arroser vos fleurs... tous les soirs, comme par le passé. — Monsieur... je ne sais pas... je l'espère. — Et ne craignez-vous pas, Mademoiselle, qu'après avoir été malade, la fraîcheur de cette soirée ne vous soit nuisible ? — Vous avez raison, Monsieur, je n'y songeais pas, — me répondit-elle, — je vous remercie... je vais rentrer... — En effet, Monseigneur, il avait plu toute la matinée, et il faisait très froid. Au moment où elle allait quitter le banc, je lui dis : — Mademoiselle, voulez-vous me donner ce bouquet fané qui est tombé là à vos pieds ? — Elle le ramassa, me le tendit en silence, sans relever la tête et sans me regarder ; je le pris comme un trésor, Monseigneur, et bientôt mademoiselle Antonine disparut au détour d'une allée.

Le prince écoutait son filleul avec une profonde attention. La candeur de ce récit en prouvait la sincérité. Jusqu'alors, rien ne pouvait donner à penser que Frantz eût été le jouet d'une de ces coquettes parisiennes, si redoutées des étrangers, ou dupe d'une fille aventureuse et manégée ainsi que l'avait d'abord appréhendé l'archiduc ; mais une crainte bien plus grave vint l'assaillir : un pareil amour, sans doute conservé chaste et pur, devait, en raison même de sa pureté, qui éloignait tout remords de l'âme de ces deux enfants (l'une avait quinze ans et demi, l'autre vingt), devait être déjà bien profondément enraciné dans leur cœur.

Frantz, voyant la physionomie du prince s'assombrir de plus en plus, et ayant rencontré son regard redevenu hautain et glacial, s'arrêta tout interdit.

— Ainsi, — reprit ironiquement l'archiduc pendant le silence de son filleul, — vous voulez épouser une jeune fille à qui vous n'avez pas adressé quatre paroles, et dont la rare beauté... dites-vous, vous a tourné la tête...

— J'espère obtenir le consentement de Votre Altesse Royale pour épouser mademoiselle Antonine, parce que je l'aime, Monseigneur, et qu'il est impossible que notre mariage soit différé.

A ces mots, résolument accentués malgré la timidité de Frantz, le prince tressaillit et se reprocha d'avoir cru à l'un de ces chastes amours germaniques d'une candeur proverbiale.

— Et pourquoi, Monsieur, — s'écria-t-il d'une voix menaçante, — pourquoi ce mariage ne saurait-il être différé?

— Parce que je suis homme d'honneur, Monseigneur...

— Un homme d'honneur! Vous êtes, Monsieur, un malhonnête homme... ou une dupe...

— Monseigneur !...

— Vous avez indignement abusé de l'innocence d'une enfant de quinze ans... ou vous êtes sa dupe... vous dis-je. Les Parisiennes sont précoces dans l'art de piper les maris.

Frantz regarda un moment le prince en silence, mais sans confusion, sans colère, et comme s'il eût en vain cherché le sens de ces paroles qui ne l'atteignirent ni dans son amour ni dans son honneur.

— Excusez-moi, Monseigneur, — reprit-il, — je ne vous comprends pas...

Frantz prononça ces mots avec une telle

expression de sincérité, avec une assurance si ingénue, que le prince, de plus en plus étonné, ajouta, après un moment de silence, en attachant sur le jeune homme un coup-d'œil pénétrant :

— Ne m'avez-vous pas dit que votre mariage avec cette demoiselle ne pouvait être différé ?...

— Non, Monseigneur... avec la permission de Votre Altesse Royale... il ne peut pas l'être... il ne le sera pas !

— Parce que sans cela vous manqueriez à l'honneur ?

— Oui, Monseigneur.

— Et en quoi... et pourquoi... manqueriez-vous à l'honneur en n'épousant pas mademoiselle Antonine ?

— Parce que nous nous sommes fait serment à la face du ciel d'être l'un à l'autre, Monseigneur, — répondit Frantz avec une énergie contenue.

Le prince, à demi-rassuré, ajouta cependant :

— Et... ensuite... dans quelles circonstances avez-vous pu échanger ce serment ?

— Craignant de vous mécontenter, Monseigneur, ou de fatiguer votre attention, j'avais interrompu mon récit....

— Soit... continuez-le...

— Monseigneur... je crains...

— Continuez... mais n'omettez rien... je tiens à tout savoir...

— Souvent l'oncle de mademoiselle Antonine sortait le soir, Monseigneur, et elle restait seule chez elle... La saison était si belle... que mademoiselle Antonine passait toutes ses soirées au jardin... Nous nous étions enhardis l'un et l'autre ; nous avions plusieurs fois longuement causé : elle, sur le petit banc, moi, accoudé au mur; elle m'avait ainsi raconté toute sa vie... moi, je lui avais dit la mienne, et surtout ma respectueuse affection vers vous, Monseigneur, à qui je dois tout... Aussi, mademoiselle Antonine partage à cette heure ma profonde reconnaissance pour Votre Altesse Royale.

A cet endroit du récit de Frantz, un bruit de pas, de plus en plus rapproché, attira l'attention du prince; il se retourna, et vit un de ses aides-de-camp qui s'avançait, mais qui s'arrêta respectueusement à distance; à un signe de l'archiduc, l'officier fit quelques pas.

— Qu'y a-t-il, Monsieur? — demanda le prince.

— S. E. M. le ministre de la guerre vient d'arriver ; il est aux ordres de Votre Altesse Royale pour la visite qu'elle doit faire à l'hôtel des Invalides..

— Dites à Son Excellence que je suis à elle dans l'instant..

Pendant que l'aide-de-camp s'éloignait, le prince s'adressant à Frantz d'un air glacial, lui dit :

— Rentrez chez vous, Monsieur, vous garderez les arrêts jusqu'au moment de votre départ.

— De mon départ, Monseigneur ?...

— Oui.

— Mon départ? — répéta Frantz, anéanti, — oh! mon Dieu! et où m'envoyez-vous, Monseigneur?

— Vous le verrez; je vous confierai au major Butler... il me répondra de vous; avant vingt-quatre heures vous aurez quitté Paris.

— Grâce... Monseigneur, — s'écria Frantz d'une voix suppliante, ne pouvant croire à ce qu'il entendait, ayez pitié de moi... ne m'obligez pas à partir...

— Rentrez chez vous, — lui dit le prince,

avec la rudesse du commandement militaire, en lui faisant signe de la main de passer devant lui, — je ne reviens jamais sur un ordre que j'ai donné... Obéissez.

Frantz, accablé, regagna tristement sa chambre, située au premier étage du palais, non loin de l'appartement de l'archiduc, et donnant sur le jardin. Vers les sept heures on servit au jeune prisonnier un dîner auquel il ne toucha pas. La nuit venue, Frantz, à son grand étonnement, et à sa profonde et douloureuse humiliation, entendit que l'on fermait, au dehors, sa porte à double tour ; vers les minuit, lorsque tout dormit dans le palais, il ouvrit doucement sa fenêtre, sortit sur son balcon, puis, penché en dehors, il parvint, à l'aide d'une canne, à éloigner un peu du mur où il était plaqué, l'un des montants d'une persienne des fenêtres du rez-de-chaussée ; ce fut sur ce point d'appui vacillant, qu'avec autant d'adresse que de témérité, Frantz, ayant emjambé la grille du balcon, posa le bout du pied, puis, s'aidant des lames de la persienne, comme d'une échelle, atteignit le sol, gagna l'allée ombreuse, escalada le petit mur d'appui, et se trouva bientôt dans le jardin de la maison habitée par Antonine.

Quoique la lune fût voilée par des nuages épais, il régnait une demi-clarté sous les grands arbres qui jusqu'alors avaient servi de lieu de rendez-vous à Antonine et à Frantz ; au bout de quelques instants, il aperçut de loin une forme blanche qui s'approchait rapidement; en peu d'instants la jeune fille fut auprès du jeune homme, et lui dit d'une voix précipitée :

— Je viens seulement pendant une minute, afin que vous ne soyez pas inquiet, Frantz. J'ai profité d'un moment d'assoupissement de mon oncle; il est très souffrant... je ne puis m'éloigner plus longtemps de lui. Adieu, Frantz, — ajouta Antonine avec un gros soupir; — c'est bien triste de se séparer si vite; mais il le faut. Encore adieu... peut-être à demain.

Le jeune homme était si atterré de ce qu'il devait apprendre à la jeune fille, qu'il n'eut pas la force de l'interrompre; puis, d'une voix entrecoupée par les sanglots, il s'écria :

— Antonine, nous sommes perdus !

— Perdus !

— Je pars...

— Vous !

— Le prince m'y force.

— Oh ! mon Dieu ! — murmura Antonine en pâlissant et s'appuyant au dossier du banc rustique, — oh ! mon Dieu !

Et, ne pouvant prononcer un mot de plus, elle fondit en larmes. Après un moment de silence déchirant, elle reprit :

— Et vous espériez le consentement du prince, Frantz ?

— Hélas ! je croyais l'obtenir en lui disant simplement combien je vous aimais.... combien vous méritiez cet amour... Le prince a été inflexible...

— Partir !..... nous séparer.... Frantz, — murmura Antonine d'une voix brisée, — — mais c'est impossible ; nous séparer, c'est vouloir nous faire tous deux mourir de chagrin... Et le prince ne voudra pas cela...

— Sa volonté est inflexible... Mais quoi qu'il arrive, — s'écria Frantz en tombant aux genoux de la jeune fille, — Oui, quoique je sois ici étranger, sans famille, sans savoir que devenir... je resterai malgré le prince... Rassurez-vous, Antonine...

Frantz ne put continuer; il vit au loin une lumière briller, et une voix s'écria avec angoisse :

— Mademoiselle Antonine...

— Mon Dieu ! la gouvernante de mon oncle !... elle me cherche, s'écria la jeune fille ; et s'adressant à Frantz :

— Frantz... si vous partez, je meurs.

Et Antonine disparut du côté où avait paru la lumière.

Le jeune homme, brisé par la douleur, tomba sur le banc, en cachant son visage entre ses mains. Au bout de quelques minutes, il entendit une voix, venant de l'allée du jardin de l'Elysée, l'appeler par son nom :

— Frantz !

Il tressaillit, croyant reconnaître la voix du prince ; il ne se trompait pas ; pour la seconde fois, son nom fut prononcé.

La crainte, l'habitude de l'obéissance passive, son respect et sa reconnaissance envers l'archiduc, qui lui avait jusqu'alors tenu lieu de famille, ramenèrent Frantz vers le petit mur d'appui qui séparait les deux jardins ; derrière ce mur, il vit le prince à la clarté de la lune ; celui-ci lui tendit la main avec une ironie glaciale, afin de l'aider à remonter dans l'allée.

— Tout-à-l'heure à mon retour, je suis entré chez vous, — lui dit sévèrement l'archiduc ; — je ne vous ai pas trouvé... Votre fenêtre ouverte m'a tout appris... maintenant suivez-moi...

— Monseigneur, — s'écria Frantz en se jetant aux pieds du prince, et tendant vers lui ses mains jointes, — Monseigneur, écoutez-moi...

— Major Butler! — dit le prince à voix haute en s'adressant à un personnage jusqu'alors caché dans l'ombre, — accompagnez le comte Frantz chez lui... vous ne le quitterez pas d'un instant, vous me répondez de lui.

XIV

XIV

Le lendemain du jour où les évènements précédents s'étaient accomplis, l'archiduc, toujours vêtu de son grand uniforme, car il poussait la manie militaire jusqu'à ses dernières limites, se trouvait dans son cabinet, vers les deux heures de l'après-midi ; l'un de ses aides-de-camp, homme de quarante ans environ, d'une physionomie calme, résolue, se tenait debout devant la table de l'autre côté de laquelle le prince était assis, occupé à écrire, l'air plus soucieux, plus sévère, et plus hautain encore que d'habitude ; tout en écrivant et sans lever les yeux sur l'officier, il lui dit :

— Le capitaine Blum est resté auprès du comte Frantz ?

— Oui, Monseigneur.

— Vous venez de voir le médecin ?

— Oui, Monseigneur.

— Que pense-t-il de l'état du comte ?

— Il le trouve plus satisfaisant, Monseigneur.

— Croit-il que le comte Frantz puisse supporter sans aucun danger les fatigues du voyage ?...

— Oui, Monseigneur.

— Major Butler, vous allez donner ordre à l'instant de faire préparer une de mes voitures de voyage...

— Oui, Monseigneur.

— Ce soir, à six heures, vous partirez avec le comte Frantz... Voici l'itinéraire de votre route, — ajouta le prince en remettant à son aide-de-camp la note qu'il venait d'écrire.

Puis il reprit :

— Major Butler, vous n'attendrez pas longtemps les marques de ma satisfaction, si vous accomplissez, avec votre dévoûment et votre fermeté ordinaire la mission... dont je vous charge...

— Votre Altesse peut compter sur moi.

— Je le sais... mais je sais aussi qu'une fois revenu de son premier abattement, et n'étant plus contenu par son respect et son obéissance pour moi, le comte Frantz tâchera certainement d'échapper à votre surveillance pendant la route, afin de regagner Paris à tout prix. Si ce malheur arrivait, Monsieur, prenez garde... tous mes ressentiments tomberaient sur vous...

— Je suis certain que je n'aurai pas à démériter des bontés de Votre Altesse.

— Je l'espère, Monsieur... N'oubliez pas, d'ailleurs, de m'écrire deux fois par jour, jusqu'à votre arrivée à la frontière.

— Je n'y manquerai pas, Monseigneur.

— A votre arrivée sur le territoire des provinces rhénanes, vous remettrez cette dépêche à l'autorité militaire.

— Oui, Monseigneur.

— Le terme de votre voyage atteint, vous me le ferez savoir... et vous recevrez de moi de nouveaux ordres...

A ce moment, le prince, ayant entendu frapper légèrement à la porte, dit au major :

— Voyez ce que c'est.

Un autre aide-de-camp remit à l'officier une lettre, en lui disant tout bas :

— M. l'envoyé du Mexique vient de me remettre cette lettre pour Son Altesse.

Et l'aide-de-camp sortit.

Le major alla présenter la lettre au prince, et lui dit de quelle part elle venait.

— Je vous recommande de nouveau la plus grande surveillance, major Butler, — reprit l'archiduc, en mettant la lettre de l'envoyé mexicain à côté de lui, sans l'ouvrir encore. — Vous me répondez de conduire le comte Frantz jusqu'à la frontière.

— Je vous en donne ma parole, Monseigneur.

— Allez, Monsieur, je crois à votre parole ; je sais ce qu'elle vaut. Si vous la tenez...

vous n'aurez qu'à vous en féliciter... Ainsi, vous partirez à six heures... faites tout préparer à l'instant ; Diesbach vous remettra l'argent nécessaire pour le voyage ?

Le major s'inclina.

— Vous direz au colonel Heïdelberg d'introduire dans quelques instans M. l'envoyé du Mexique et la personne qui l'accompagne...

— Oui, Monseigneur.

L'officier salua profondément et sortit.

Le prince, resté seul, se dit, en décachetant lentement la lettre qu'on lui avait remise :

— Il faut sauver ce malheureux jeune homme de sa propre folie... Un pareil mariage!... c'est insensé... Allons, je suis d'ailleurs moi-même insensé de m'être un instant inquiété des suites de la folle passion de Frantz, comme si je n'avais pas tout pouvoir sur lui... Ce n'est pas de la colère, c'est de la pitié que sa conduite doit m'inspirer.

Au milieu de ces réflexions, le prince avait décacheté la lettre, et jeté machinalement les yeux sur son contenu ; soudain il bondit sur son fauteuil ; ses traits hautains prirent une expression d'indignation courroucée, et il s'écria :

—La marquise de Miranda... cette femme infernale, qui dernièrement encore a causé à Bologne tant de scandale... et presque une révolution, en exposant ce malheureux cardinal légat aux huées, aux fureurs de toute une population déjà si mal intentionnée... Oh! à aucun prix je ne veux recevoir cette indigne créature.

Et, ce disant, le prince s'élança vers la porte, afin de donner l'ordre de ne pas laisser entrer la marquise.

Il était trop tard.

Les deux battants s'ouvrirent à ce moment devant elle, et elle se présenta, accompagnée de l'envoyé du Mexique.

Profitant du silence causé par la stupeur de l'archiduc, stupeur dont il ne s'apercevait pas d'ailleurs, le diplomate s'inclina profondément et dit :

— Monseigneur, j'ose espérer que Votre Altesse a bien voulu agréer les excuses que je viens d'avoir l'honneur de lui adresser par lettre au sujet de l'importante formalité que j'ai omise dans ma supplique d'hier... car je devais mentionner le nom de la personne en faveur de qui je sollicitais une audience de Votre Altesse, j'ai réparé cette omission ; il ne me reste plus qu'à avoir l'honneur de présenter à Votre Altesse madame la marquise de Miranda, qui porte l'un des noms les plus considérables de notre pays, et de la recommander à la bienveillance de Votre Altesse.

Le diplomate, prenant le silence prolongé du prince pour un congé, s'inclina respectueusement et se retira fort désappointé d'un accueil si glacial.

Madeleine et l'archiduc restèrent seuls.

La marquise était, selon son habitude, aussi simplement, aussi amplement vêtue que la veille; seulement, soit hasard, soit calcul, une voilette de point d'Angleterre garnissait ce jour-là sa capote de crêpe blanc, et cachait presque entièrement son visage.

Le prince, dont les mœurs tenaient à la

fois de la rudesse militaire et de l'austérité religieuse (son amour pour la mère de Frantz avait été sa première et sa seule erreur de jeunesse), le prince considérait avec une sorte d'aversion inquiète cette femme, qui, à ses yeux, symbolisait la perversité la plus profonde, la plus dangereuse; car le bruit public accusait la marquise de s'attaquer de préférence, par ses séductions, aux personnes revêtues des caractères les plus imposants et les plus sacrés, et puis enfin la retentissante aventure du cardinal-légat avait eu des conséquences si déplorables (au point de vue absolutiste et religieux de l'archiduc), qu'un sentiment de vindication politique augmentait encore sa haine contre Madeleine; aussi, malgré ses habitudes de dignité froide et polie, il pensa d'abord à congédier brutalement l'importune visiteuse, ou à se retirer dédaigneusement dans une pièce voisine, sans prononcer une parole. Mais la curiosité de voir enfin cette femme, sur qui circulaient tant de rumeurs étranges, et surtout l'âpre désir de la traiter aussi durement qu'à son avis elle méritait de l'être, modifièrent la résolution du prince; il resta donc; mais, au lieu d'offrir un siége à Madeleine, qui l'examinait attentivement, à travers son voile toujours baissé, l'archiduc s'adossa carrément à la cheminée, croisa les bras, et, la tête rejetée en arrière, le sourcil impérieusement relevé, il toisa la solliciteuse de toute la hauteur de sa morgue souveraine, se renferma d'abord dans un silence glacial, et ne dit pas à Madeleine un mot d'encouragement ou de banale politesse.

La marquise, habituée à produire un effet tout autre, et subissant, à son insu peut-être, l'espèce d'intimidation qu'exerce souvent le rang suprême, surtout lorsqu'il se manifeste sous des dehors insolemment altiers, la marquise décontenancée par cet écrasant accueil, le sentit d'autant plus vivement, qu'elle avait davantage espéré de la courtoisie du prince.

Pourtant, comme il s'agissait pour elle d'intérêts sacrés, et qu'elle était vaillante... elle domina son émotion ; et, ainsi que dit le proverbe espagnol naturalisé au Mexique, elle se résolut bravement *de prendre le taureau par les cornes.* S'asseyant donc négligemment dans un fauteuil, elle dit au prince, de l'air du monde le plus souriant et le plus dégagé :

— Je viens, Monseigneur, tout simplement vous demander deux choses : l'une, presque impossible ; la seconde, tout-à-fait impossible...

L'archiduc resta confondu ; son rang souverain, la hauteur, la sévérité de son caractère, son inflexible rigueur pour l'étiquette, encore si puissante dans les cours du Nord, l'avaient si habitué à voir même les femmes l'aborder toujours avec les respects les plus humbles, que l'on pense s'il fut abasourdi par la familière aisance de Madeleine, qui reprit gaîment :

— Vous ne répondez rien, Monseigneur?... comment dois-je interpréter le silence de Votre Altesse? Est-ce réflexion?... Est-ce timidité?... Est-ce consentement?... Serait-ce enfin impolitesse?... Impolitesse? non... je ne puis croire cela. En touchant la terre de France, les esclaves deviennent libres, et les hommes les moins galants deviennent d'une exquise courtoisie...

Le prince, presque hébété par la stupeur et par la colère que lui causaient ces audacieuses paroles, resta muet.

La marquise reprit, en souriant :

— Rien?... pas un mot? Allons, Monseigneur, décidément, que signifie le mutisme prolongé de Votre Altesse? Encore une fois, est-ce réflexion... réfléchissez... Est-ce timidité? surmontez-la?... Est-ce impolitesse? souvenez-vous que nous sommes en France, et que je suis femme... Puis-je, au contraire, regarder votre silence comme un consentement aveugle à ce que je viens vous demander? alors, dites-le moi tout de suite... afin que je vous apprenne au moins quelles sont les faveurs que vous m'accordez si gracieusement d'avance, et dont je veux alors vous remercier cordialement.

Puis Madeleine, ôtant son gant, tendit sa main à l'archiduc.

Cette toute petite main, blanche, délicate, frétillante, effilée, veinée d'azur, et dont les ongles allongés ressemblaient à des coquilles roses, attira malgré lui l'attention du prince ; de sa vie, il n'avait vu pareille main ; mais bientôt, honteux, révolté de s'abandonner à une telle remarque dans un moment semblable, la rougeur de l'indignation lui monta au front, et il chercha quelque mot souverainement dédaigneux et blessant, afin d'écraser d'un seul coup de massue cette audacieuse, dont l'outrecuidance avait déjà trop duré pour la dignité archiducale.

Malheureusement, le prince était plus habitué à commander ses troupes, ou à recevoir les hommages de ses courtisans, qu'à trouver soudain des mots écrasants, surtout lorsqu'il s'agissait d'écraser une jeune et jolie femme; cependant, il chercha...

Cette cogitation *sérénissime* donna le temps à Madeleine de retirer sa petite main sous ses larges manches et de dire au prince avec un malin sourire :

— Il n'y a plus à en douter, Monseigneur, le silence de Votre Altesse est de la timidité... et de la timidité allemande encore!... Je connais cela. Après la timidité de savant, c'est ce qu'il y a de plus insurmontable et, partant, de plus vénérable; mais tout a des bornes;... aussi, voyons... Monseigneur... remettez-vous; je n'ai pourtant, je crois, rien en moi de très imposant... — ajouta la marquise sans relever encore le voile qui cachait ses traits.

L'archiduc jouait de malheur ; malgré toute sa bonne volonté, il ne trouva pas son mot écrasant ; mais, sentant combien sa position devenait ridicule, il s'écria :

— Je ne sais pas, Madame, comment vous avez osé vous présenter ici.

— Mais.... je m'y suis présentée avec votre agrément, Monseigneur...

— Lorsque hier je vous ai accordé une audience, j'ignorais votre nom, Madame.

— Et... que vous a donc fait mon nom, Monseigneur?

— Votre nom, Madame? Votre nom?

— Oui, Monseigneur...

— Mais votre nom a été le scandale de l'Allemagne; vous avez rendu païen... idolâtre... matérialiste... le plus religieux, le plus spiritualiste de nos poètes.

— Dam! Monseigneur, — répondit Madeleine, avec un accent d'ingénue de village, ça n'est pas ma faute... à moi...

— Ce n'est pas votre faute?

— Et puis... où est le grand mal, Monseigneur! Votre poète religieux faisait des vers médiocres... il en fait à cette heure de magnifiques.

— Ils n'en sont que plus dangereux, Madame... et son âme?... son âme?

— Son âme a passé dans ses vers, Monseigneur; elle est maintenant deux fois immortelle.

— Et le cardinal légat, Madame?

— Vous ne me reprocherez pas du moins, Monseigneur, d'avoir agi sur l'âme de celui-là... il n'en avait point.

— Comment! Madame, n'avez-vous pas assez avili le caractère sacré de ce prince de l'Église, de ce prêtre jusqu'alors si austère, de cet homme d'État qui, depuis vingt ans, était la terreur des impies et des révolutionnaires... Ne l'avez-vous pas livré au mépris, à la haine des gens pervers... car, sans un secours inespéré, on le massacrait; enfin, Madame, n'avez-vous pas été sur le point de révolutionner Bologne?...

— Ah! Monseigneur, vous me flattez.

— Et vous osez, Madame, vous présenter chez un prince qui a tant d'intérêt à ce que l'Allemagne et l'Italie soient calmes et soumises!... vous osez venir me demander...

quoi? des choses que vous dites vous-même impossibles ou presque impossibles! Et cette inconcevable demande de quel ton me la faites-vous? d'un ton familier, railleur, comme si vous étiez certaine d'obtenir tout de moi... Erreur! Madame, erreur! je ne ressemble, je vous en préviens, ni au poète Moser-Hartman, ni au cardinal légat, ni à tant d'autres que vous avez ensorcelés, dit-on; en vérité, c'est à douter si l'on dort ou si l'on veille. Mais qui êtes-vous donc, Madame, pour vous croire assez au-dessus de tous les respects... de tous les devoirs, pour oser me traiter d'égal à égal, moi que les princesses des familles royales, n'abordent qu'avec déférence?

— Hélas! Monseigneur, je ne suis qu'une

pauvre femme... — répondit Madeleine.

Et elle rejeta en arrière son voile, qui, jusqu'alors baissé, avait dérobé son visage aux regards de l'archiduc.

XV

XV

Le prince, emporté par la véhémence de son indignation et de son courroux, s'était, tout en parlant, approché peu à peu de la marquise, toujours négligemment assise dans son fauteuil.

Lorsque celle-ci eut relevé son voile en

rejetant légèrement sa tête en arrière, afin de pouvoir attacher ses yeux sur ceux du prince, il resta immobile, et éprouva ce mélange de surprise, d'admiration et de trouble involontaire que presque tout le monde ressentait à la vue de cette charmante figure, à laquelle son teint pâle, ses grands yeux bleu d'azur, ses sourcils noirs et ses cheveux blonds, donnaient un charme si singulier.

Cette impression profonde que subissait le prince, Charles Dutertre l'avait aussi subie malgré son amour pour sa femme, malgré les terribles préoccupations de désastre et de ruine dont il était assiégé.

Pendant quelques secondes, l'archiduc

resta pour ainsi dire sous la fascination de ce regard fixe pénétrant dans lequel la marquise s'efforçait de concentrer toute l'attraction, toute l'électricité vitale qui était en elle... et de la *darder* dans les yeux du prince, car la projection du regard de Madeleine était, pour ainsi dire, intermittente, et avait, si l'on peut s'exprimer ainsi, des pulsations ; aussi, à chacune de ces pulsations, dont il semblait ressentir physiquement le contre-coup, l'archiduc tressaillait-il involontairement ; sa morgue glaciale paraissait fondre comme la neige au soleil ; sa hautaine attitude s'assouplissait ; sa physionomie altière exprimait un trouble inexprimable.

Soudain Madeleine fit retomber son voile sur son visage, baissa la tête, et tâcha de s'effacer davantage encore, s'il était possible, sous l'ampleur des plis de son mantelet et de sa robe traînante qui cachait complètement son petit pied, de même que ses larges manches cachèrent aussi la main charmante qu'elle avait cordialement tendue au prince; celui-ci n'eut donc plus devant lui qu'une forme indécise et chastement voilée.

La coquetterie la plus provoquante, la plus audacieusement décolletée, eût été de l'ingénuité auprès de cette mystérieuse réserve, qui, dérobant aux regards jusqu'au bout du pied, jusqu'au bout des doigts, ne laissait absolument rien apercevoir de la personne, mais donnait le champ libre à l'imagination, qui devait s'allumer, au souvenir des récits étranges qui couraient sur la marquise.

Lorsque le visage de Madeleine disparut de nouveau sous son voile, le prince, délivré de l'obsession qu'il subissait malgré lui, reprit son sang-froid, gourmanda rudement sa faiblesse, et, afin de se sauvegarder de tout dangereux entraînement, il s'efforça de songer aux déplorables aventures qui prouvaient la fatale influence de cette femme, sur des hommes longtemps inflexibles ou inexorables.

Mais, hélas ! la chute ou la transformation de ces hommes ramenait forcément les idées du prince sur la marquise et sur son irrésistible influence ; il sentait le péril grave, imminent; mais, on le sait, parfois le danger possède l'attraction de l'abîme.

En vain le prince, pour se rassurer, se disait-il que, d'un naturel flegmatique, il était arrivé jusqu'à la maturité de l'âge sans avoir subi l'empire de ces passions brusques et grossières qui dégradent l'homme. En vain encore il se disait qu'il était prince du sang royal; qu'il devait à la souveraine dignité de son rang de ne pas s'abaisser à de honteux entraînements, etc.; en un mot, le malheureux archiduc philosophait à merveille, mais aussi utilement qu'un homme qui, se voyant avec effroi rouler sur une pente rapide, philosopherait gravement sur les précieux avantages de la stabilité.

Il faut malheureusement des lignes, des phrases, des pages, pour rendre perceptibles des impressions instantanées comme la pensée, car tout ce que nous venons de décrire si longuement depuis le moment où Madeleine avait levé son voile, jusqu'au moment où elle l'avait abaissé, s'était passé en quelques secondes, et l'archiduc, tout en se gourmandant, tâchait, à son insu sans doute (tant sa philosophie dégageait son esprit de la matière), tâchait, disons-nous, d'apercevoir encore les traits de Madeleine à travers la dentelle qui les cachait.

— Je vous disais donc, Monseigneur, — reprit la marquise en tenant toujours sa tête baissée sous le regard avide et troublé de l'archiduc, — je vous disais donc que j'étais une pauvre veuve... qui vaut mieux que sa réputation... et qui ne mérite vraiment pas... vos sévérités.

—Madame...

— Oh! je ne vous en fais pas un reproche... Monseigneur... Vous avez dû, comme tant d'autres, croire à certains bruits...

— Des bruits, Madame... — s'écria l'archiduc en sentant avec joie renaître dans son âme sa première colère, — des bruits... c'était un vain bruit, n'est-ce pas, que la scandaleuse apostasie du poëte Moser-Hartman?

— Ce que vous appelez son apostasie est un fait, Monseigneur... soit... mais...

— C'est peut-être aussi un vain bruit, — reprit impétueusement l'archiduc en interrompant Madeleine, — que la dégradation du cardinal-légat?

— C'est encore un fait, Monseigneur... soit... mais...

— Ainsi, Madame... vous avouez vous-même que...

— De grâce, Monseigneur... écoutez-moi... Je m'appelle Madeleine... C'est le nom d'une grande pécheresse... comme vous savez.

— Il lui a été pardonné, Madame.

— Oui, parce qu'elle avait *beaucoup... aimé;* cependant, croyez-moi, Monseigneur, je n'ai pas à chercher une excuse... ou un exemple dans la vie amoureuse de ma sainte patronne... je n'ai rien à me faire pardonner... non... rien... absolument rien, Monseigneur. Cela paraît vous étonner beaucoup. Aussi, pour me faire tout-à-fait comprendre... ce qui est assez embarrassant, je serai obligée, au risque de passer pour pédante, d'en appeler aux souvenirs classiques de Votre Altesse.

— Que voulez-vous dire, Madame?

— Quelque chose de fort bizarre; mais l'acrimonie de vos reproches, et d'autres raisons encore, m'obligent à un aveu... ou plutôt à une justification fort singulière.

— Madame... expliquez-vous.

— Vous savez, Monseigneur, à quelle condition on choisissait à Rome les *prêtresses de Vesta?*

— Certainement, Madame, — répondit le prince avec une rougeur pudique.

Et il ajouta ingénument :

— Mais je ne vois pas quel rapport.

— Eh bien ! Monseigneur, — reprit Madeleine, en souriant de ce *germanisme*, — si nous étions à Rome, sous l'empire des Césars, j'aurais tous les droits possibles... imaginables, à entretenir le feu sacré sur l'autel de la chaste déesse... en un mot, je suis veuve, sans avoir jamais été mariée... Monseigneur; car, à mon retour d'Europe, le marquis de Miranda, mon parent et mon bienfaiteur, se mourait... et il m'a épousée à son lit de mort... pour me laisser son nom et sa fortune...

L'accent de la vérité est irrésistible ; aussi, d'abord, le prince crut aux paroles de Madeleine, malgré la stupeur où le jetait cette révélation si complètement opposée aux bruits d'aventures et de galanterie qui couraient sur la marquise.

L'étonnement du prince se mêla bientôt d'une satisfaction confuse, dont il ne se rendait pas compte; pourtant, craignant de donner dans un piège, il reprit, non plus avec emportement, mais avec une récrimination douloureuse :

— C'est trop compter sur ma crédulité, Madame... Quoi! lorsque tout-à-l'heure encore vous m'avez avoué que....

— Pardon, Monseigneur... faites-moi le plaisir de répondre à quelques questions.

— Parlez, Madame...

— Vous avez certes tous les vaillants dehors d'un homme de guerre, Monseigneur; et, lorsque je vous voyais à Vienne, monté sur votre beau cheval de bataille, traverser fièrement le *Prater*, suivi de vos aides-de-camp, je me suis dit souvent : voilà pour moi le type du général d'armée, de l'homme fait pour commander aux soldats.

— Vous m'avez vu à Vienne ? — demanda l'archiduc, dont la voix rude s'attendrissait singulièrement, — vous m'avez remarqué ?

— Heureusement vous l'ignoriez, Monseigneur ; sans cela vous m'eussiez fait exiler, n'est-ce pas ?

— Mais, — répondit le prince en souriant, — je le crains.

— Allons, c'est de la galanterie. Je vous aime mieux ainsi ; je vous disais donc, Monseigneur, que vous avez les dehors d'un vaillant homme de guerre, et vous répondez à ces dehors. Cependant, vous m'avouerez que parfois la tournure la plus martiale... peut cacher un poltron ?

— A qui le dites-vous, Madame? J'ai eu sous mes ordres un général-major qui avait bien la figure la plus farouche qu'on puisse imaginer, et c'était un fieffé poltron !

— Vous m'avouerez encore, Monseigneur,

que parfois aussi l'enveloppe la plus chétive... peut recéler un héros...

— Certes... le grand Frédéric... le prince Eugène, ne payaient pas de mine...

— Hélas! Monseigneur... c'est cela même... et moi, tout au contraire de ces grands hommes, malheureusement... je paie trop de mine...

— Que voulez-vous dire, Madame?...

— Eh! mon Dieu, oui!... je suis comme le poltron qui fait trembler tout le monde avec sa mine rébarbative, et qui, à part soi, est plus tremblant que les plus tremblants de ceux qu'il intimide... En un mot, j'inspire souvent malgré moi... ce que je ne ressens pas ; figurez-vous, Monseigneur, un pauvre glaçon tout surpris de porter autour de lui la flamme et l'incendie ! aussi j'aurais parfois la prétention de me croire un phénomène, si je ne me rappelais que les beaux fruits de mon pays, si vermeils, si délicats, si parfumés, m'inspiraient parfois de furieux appétits... sans partager le moins du monde le bel appétit qu'ils me donnaient, sans qu'ils éprouvassent enfin le plus léger désir d'être croqués ! Il en est ainsi de moi, Monseigneur : il paraît qu'aussi innocente en cela que les fruits de mon pays, je donne à certains égards... des faims d'ogres... moi qui suis d'une frugalité cénobitique... Aussi ai-je pris le parti de ne plus m'étonner de l'influence que j'exerce involontairement;

mais comme, après tout, cette action est puissante, en cela qu'elle met en jeu une des plus violentes passions de l'homme, je tâche de tirer parfois le meilleur parti possible de mes victimes, soit pour elles-mêmes, soit pour autrui, et cela, je vous le jure, sans coquetterie, sans tromperie... sans promesses... — Je brûle pour vous... — me dit-on. — Soit, brûlez... peut-être l'ardeur de vos feux fera-t-elle fondre ma glace... peut-être la lave se cache-t-elle en moi sous la neige... Brûlez... brûlez donc... faites que votre flamme me gagne, je ne demande pas mieux... car je suis libre comme l'air et j'ai vingt-deux ans...

Madeleine, en disant ces mots, redressa

la tête, releva son voile, et regarda fixement l'archiduc.

La marquise disait vrai, car sa passion pour son *blond archange,* dont elle s'était entretenue avec Sophie Dutertre, n'avait eu jusqu'alors rien de terrestre.

Le prince crut Madeleine : d'abord parce que presque toujours la vérité porte avec soi la conviction, puis, parce qu'il se sentait heureux d'ajouter foi aux paroles de la jeune femme; il rougissait moins de s'avouer l'impression subite, profonde, que cette singulière créature lui causait, en se disant après tout, elle eût été digne *d'entretenir le feu sacré de Vesta;* aussi l'imprudent, les yeux fixés sur les yeux de Madeleine, aspirait-il à loisir le philtre enchanteur en la contemplant avec une avidité passionnée.

Madeleine reprit en souriant :

— En ce moment, Monseigneur, vous vous faites, j'en suis sûre, une question que je me fais souvent...

— Voyons...

— Vous vous demandez... (pour parler comme une romance du vieux temps) *quel est celui qui me fera partager sa flamme?*... Eh bien! moi aussi, je serais très curieuse de pénétrer l'avenir à ce sujet...

— Cet avenir, pourtant... dépend de vous.

—Non pas, Monseigneur; pour qu'une lyre résonne, il faut qu'on la fasse vibrer.

— Et cet heureux mortel... qui sera-t-il?

— Mon Dieu! qui sait? peut-être vous, Monseigneur.

— Moi!... — s'écria le prince, ébloui, transporté, — moi!

— Je dis : peut-être...

— Oh! que faudrait-il faire?...

— Me plaire...

— Et pour cela?

— Écoutez, Monseigneur.

— Je vous en prie, ne m'appelez pas Monseigneur, c'est trop cérémonieux...

— Oh! oh! Monseigneur... c'est une grande faveur pour un prince que d'être traité avec familiarité : il faut la mériter. Vous me demandez comment me plaire?... Je veux vous citer, non un exemple, mais un fait : le poète Moser-Hartman, dont j'ai, ainsi que vous le dites, causé l'apostasie, m'a adressé la plus singulière déclaration du monde. Un jour il me rencontre chez une amie commune, me regarde longtemps, et enfin me dit d'un air d'alarme et de courroux : — « Madame, pour la tranquillité du spiritualisme, on devrait vous enterrer toute vive. » — Et il sort; mais le lendemain il vient chez moi, fou d'amour, en proie, me dit-il, à une passion aussi subite, aussi nouvelle que brûlante. — « Brûlez, — lui dis-je, mais écoutez un conseil d'amie ; la passion vous dévore... qu'elle coule dans vos vers. Devenez un grand poète, et peut-être votre gloire m'énivrera. »

— Et l'enivrement ne vous est pas venu? — dit le prince.

— Non... mais la gloire est restée à mon amoureux pour se consoler, et un poète se console de tout avec la gloire... Eh bien ! Monseigneur, franchement, ai-je bien ou mal usé de mon influence?

Soudain l'archiduc tressaillit.

Un soupçon poignant lui serra le cœur; dissimulant cette pénible angoisse, il dit à Madeleine en s'efforçant de sourire :

— Mais, Madame, votre aventure avec le cardinal-légat n'a pas eu pour lui une fin si heureuse ; que lui est-il resté, à lui, pour se consoler?

— Il lui en reste la conscience d'avoir délivré de sa présence un pays qui l'abhorrait, — répondit gaîment Madeleine ; — n'est-ce donc rien que cela, Monseigneur?

— Voyons, entre nous, Madame, quel intérêt aviez-vous à rendre ce malheureux homme victime d'un si terrible scandale?

— Comment, quel intérêt? Monseigneur! mais celui de démasquer un infâme hypocrite! de le faire chasser d'une ville qu'il opprimait, de le couvrir enfin de mépris et de honte... « — Je crois à votre passion, — lui ai-je dit, — et peut-être la partagerai je si vous vous masquez en cavalier Pandour pour venir avec moi au bal du Rialto, mon cher cardinal; c'est de ma part un caprice bizarre, insensé, soit, mais c'est ma condition; et d'ailleurs, qui vous reconnaîtra sous le masque? » — Cet horrible prêtre avait la tête tournée; il a accepté, je l'ai perdu...

— Et moi... vous ne me perdrez pas ainsi que le cardinal-légat, Madame ! — s'écria l'archiduc en se levant et faisant un suprême effort pour rompre le charme dont il sentait déjà l'irrésistible puissance. — Je vois le piège... j'ai des ennemis... vous voulez, par vos séductions perfides, m'entraîner à quelque démarche dangereuse, et ensuite me livrer aussi au mépris et aux risées que mériterait ma faiblesse... Mais, Dieu soit béni! il m'ouvre les yeux à temps... Je le reconnais avec horreur! cette fascination diabolique, qui m'ôtait l'usage de ma raison... n'était pas même de l'amour... non, je cédais à la passion la plus grossière, la plus ignoble qui puisse ravaler l'homme au niveau de la brute, à cette passion que, pour ma honte et pour la vôtre, je veux nommer tout haut, à LA LUXURE! Madame!!!

Madeleine haussa les épaules, se mit à

rire d'un air moqueur, se leva, alla droit au prince qui, dans son agitation, s'était reculé jusqu'à la cheminée, le prit délicatement par la main, et le ramena s'asseoir auprès d'elle, sans qu'il eût eu la force de s'opposer à cette douce violence.

— Faites-moi la grâce de m'écouter, Monseigneur, — dit Madeleine, je n'ai plus que quelques mots à vous dire… et ensuite, de votre vie vous ne reverrez la marquise de Miranda.

XVI

XVI

Lorsque Madeleine eut fait rasseoir l'archiduc auprès d'elle, elle lui dit :

— Écoutez, Monseigneur... je serai franche... tellement franche... que je vous défie... de ne pas me croire... Je suis venue ici dans l'espoir... de vous tourner la tête...

— Ainsi, — s'écria le prince, stupéfait, — ainsi, vous l'avouez!

— Parfaitement... ce but atteint... je voulais user de mon empire sur vous... pour obtenir, je vous l'ai dit, Monseigneur, au commencement de cet entretien, deux choses regardées... l'une comme presque impossible... l'autre comme tout-à-fait impossible...

— Vous aviez raison, Madame, de me défier de ne pas vous croire, — répondit le prince avec un sourire contraint, — je vous crois.

— Les deux actions que je voulais obtenir

de vous étaient grandes, nobles, généreuses ; elles vous auraient fait chérir et respecter... Il y a loin de là, je pense, à vouloir abuser de mon empire pour vous pousser au mal ou à l'indignité... ainsi que vous le supposez.

— Mais enfin, Madame, de quoi s'agit-il ?

— D'abord un acte de clémence ou plutôt de justice... qui vous rallierait une foule de cœurs en Lombardie... la grâce pleine et entière du colonel Pernetti.

Le prince bondit sur son fauteuil et s'écria :

— Jamais... Madame... jamais.

— La grâce pleine et entière du colonel Pernetti, l'un des hommes les plus vénérés de toute l'Italie, — poursuivit Madeleine... sans tenir compte de l'interruption du prince. — La juste fierté de cet homme de cœur l'empêchera toujours de solliciter de vous le moindre adoucissement à ses malheurs, mais venez généreusement au devant de lui, et sa reconnaissance vous assurera de son dévoûment.

— Je vous répète, Madame, que de hautes rasons d'État s'opposent à ce que vous demandez... C'est impossible... tout-à-fait impossible.

— Bien entendu... j'ai commencé moi-même par vous le dire... Monseigneur. Quant à l'autre chose, plus impossible encore sans doute, il s'agit tout simplement de votre consentement au mariage d'un jeune homme que vous avez élevé...

— Moi! — s'écria l'archiduc, comme s'il en croyait à peine ses oreilles, — moi... consentir au mariage du comte Frantz?

— Je ne sais pas s'il est comte; ce que je sais c'est qu'il s'appelle Frantz, ainsi que me l'a dit ce matin... mademoiselle Antonine Hubert, ange de douceur et de beauté que j'ai aimé toute petite, et pour qui je ressens à la fois la tendresse d'une sœur et d'une mère.

— Madame, dans trois heures d'ici, le comte Frantz aura quitté Paris... voilà ma réponse.

— Mon Dieu, Monseigneur... c'est à merveille.. tout ceci est impossible, absolument impossible... encore une fois, c'est convenu...

— Alors, Madame, pourquoi me le demander?

— Eh mais!.... Monseigneur.... afin de l'obtenir...

— Comment! malgré tout ce que je viens de vous dire... vous espérez encore?

— J'ai cette prétention-là, Monseigneur.

— Une pareille confiance...

— Est bien modeste... car je ne compte pas sur ma présence...

— Et sur quoi donc comptez-vous, Madame ?

— Sur mon absence... Monseigneur, — dit Madeleine en se levant.

— Sur votre absence ?...

— Sur mon souvenir, si vous le préférez.

— Vous partez, — dit vivement le prince sans pouvoir cacher son dépit et son regret, — vous partez... déjà.

— C'est mon seul et dernier moyen de vous amener à composition...

— Mais enfin, Madame...

— Tenez, Monseigneur, voulez-vous que je vous dise ce qu'il va arriver?

— Voyons, Madame...

— Je vais vous quitter... Vous serez tout d'abord soulagé d'un grand poids; ma présence ne vous obsèdera plus de toutes sortes de tentations qui ont leur angoisse et leur charme ; vous me chasserez....tout-à-fait de votre pensée... Malheureusement, peu à peu et malgré vous... je reviendrai l'occuper ; ma figure mystérieuse, voilée, vous suivra partout ; vous ressentirez bien davantage encore ce qu'il y a de peu platonique dans votre penchant vers moi, et ces sentiments n'en seront que plus irritants, plus obstinés.... Aussi demain, après-demain peut-être, réfléchissant qu'après tout, je ne vous demandais que des actions nobles, généreuses, vous regretterez amèrement mon départ ; vous me rappellerez, mais il sera trop tard ; Monseigneur.

— Trop tard ?

— Trop tard... pour vous, pas pour moi. Je me suis mis dans la tête que le colonel Pernetti aurait sa grâce et que M. Frantz épouserait Antonine. Vous comprenez, Monseigneur, qu'il faudra bien que cela soit...

— Malgré moi ?

— Malgré vous.

— C'est un peu fort...

— C'est ainsi... Car voyons, Monseigneur, pour ne vous parler que de faits que vous n'ignorez pas, quand on a su amener le cardinal-légat que vous connaissez, à courir la mascarade en chevalier Pandour, quand on a su faire éclore un grand poète sous la chaleur d'un regard, quand on a su rendre amoureux (dans l'exppression toute... terrestre du mot, je l'avoue humblement), un homme comme vous, Monseigneur... il est évident que l'on peut autre chose... Vous forcez, n'est-ce pas? ce pauvre M. Frantz à partir de Paris... mais la route est longue, et avant qu'il soit hors de France, j'ai deux jours devant moi... Quelque peu de retard dans la grâce du colonel Pernetti ne sera rien pour lui... et, après tout, sa grâce ne dépend pas que de vous seul, Monseigneur ; vous ne pouvez pas vous imaginer où peut atteindre le ricochet des influences, et grâce à Dieu, ici, en France, j'ai tout moyen et toute liberté d'agir... C'est donc la guerre que vous voulez, Monseigneur ; va pour la

guerre. Je pars, et je vous laisse déjà blessé..
c'est-à-dire amoureux. Eh! mon Dieu! (quoi
que je puisse à bon droit m'enorgueillir de
ce succès) ce n'est pas par vanité que j'insiste sur l'impression subite que j'ai faite
sur vous; car, en vérité, je n'ai pas mis la
moindre coquetterie en tout ceci; presque
toujours j'ai eu mon voile baissé, et je suis
habillée en véritable mère-grand... Allons,
adieu, Monseigneur; me ferez-vous du
moins la grâce de m'accompagner jusqu'à la
porte de votre premier salon!... La guerre
n'empêche pas la courtoisie...

L'archiduc était dans un trouble inexprimable; il sentait que Madeleine disait vrai;
car déjà, à la seule pensée de la voir s'éloigner pour toujours, peut-être, il éprouvait

un véritable chagrin ; puis, réfléchissant que si le charme, l'attrait singulier et presque irrésistible de cette femme agissait puissamment sur lui, qui, pour tant de raisons, avait dû se croire sauvegardé d'une telle influence, bien d'autres que lui pourraient céder à cet empire, alors il ressentait une sorte de jalousie vague, mais amère et courroucée, et cependant il ne pouvait se résoudre à accorder la grâce qu'on lui demandait, et à consentir au mariage de Frantz ; néanmoins, comme tous les indécis, il essaya de gagner du temps, et dit à la marquise, avec émotion :

— Puisque je ne dois plus vous revoir, prolongez du moins quelque peu cette visite.

— A quoi bon, Monseigneur?

— Peu vous importe, si cela me rend heureux.

— Cela ne vous rendra nullement heureux, Monseigneur, car vous n'avez ni la force de me laisser partir, ni la force de m'accorder ce que je vous demande.

— C'est vrai, — répondit le prince en soupirant... — les deux choses me semblent aussi impossibles l'une que l'autre.

— Ah!... comme demain, comme tout-à-l'heure, après mon départ, vous vous repentirez!

Le prince, en suite d'un assez long silence, reprit avec effort et de sa voix la plus insinuante :

— Tenez... ma chère marquise... supposons, ce qui n'est pas supposable... que peut-être un jour... je songe... à vous accorder la grâce de Pernetti...

— Une supposition ?... peut-être un jour ?... vous songerez ?... Combien tout cela est vague et nébuleux, Monseigneur !... Dites-donc tout uniment : Admettez que je vous accorde la grâce du colonel Pernetti...

— Eh bien !... soit, admettez cela...

— Bon... vous m'accordez cette grâce,

Monseigneur, et vous consentez au mariage de Frantz?... il me faut tout ou rien...

— Quant à cela... jamais... jamais...

— Ne dites donc pas jamais, Monseigneur... Est-ce que vous en savez quelque chose?...

— Après tout, une supposition n'engage à rien... Enfin, admettons que je fasse tout ce que vous désirez... je serai du moins certain de ma récompense...

— Vous me le demandez, Monseigneur? Est-ce que toute généreuse action ne porte pas en elle sa récompense?

— D'accord... mais il en est une... à mes yeux... la plus précieuse de toutes... et celle-là, vous pouvez seule... la donner.

— Oh... pas de conditions, Monseigneur.

— Comment ?

— Voyons, franchement, Monseigneur, est-ce que je puis m'engager à quelque chose ? Est-ce que tout ne dépend pas, non de moi, mais de vous ? Plaisez-moi... cela vous regarde.

— Oh! quelle femme vous êtes! — dit le prince avec dépit; — mais enfin... vous plairai je? Croyez-vous que je vous plaise?

— Ma foi, Monseigneur, je n'en sais rien... Vous n'avez jusqu'ici rien fait pour cela... sinon de m'accueillir assez rudement, soit dit sans reproche.

— Mon Dieu ! j'ai eu tort; pardonnez-moi ; si vous saviez aussi l'inquiétude... je dirais presque la crainte, que vous m'inspirez, chère marquise !

— Allons, je vous pardonne... le passé, Monseigneur, et vous promets de mettre la meilleure volonté du monde à me laisser séduire... et, comme je suis très franche... j'ajouterai même qu'il me semble que j'aimerai assez à ce que vous réussissiez.

— Vraiment! s'écria le prince enivré.

— Oui... vous êtes à demi souverain... vous le serez peut-être un jour... et il peut y avoir toutes sortes de belles et bonnes choses à vous faire faire un jour de par l'empire de cette ardente passion que vous avez flétrie tout-à-l'heure en vrai capucin, passez-moi le terme... Allez... Monseigneur, si le bon Dieu l'a mise chez toutes ses créatures, cette passion, il a su ce qu'il faisait... c'est une force immense, car, dans l'espoir de la satisfaire, ceux qui l'éprouvent sont capables de tout, même des actions les plus généreuses... n'est-ce pas, Monseigneur?

— Ainsi... ajouta le prince dans un ravissement croissant, je puis espérer...

— Espérez tout à votre aise, Monseigneur, mais voilà tout... je ne m'engage à rien, ma foi ! Brûlez, brûlez... fasse que ma neige se fonde à votre flamme.

— Mais enfin, supposez que je vous aie accordé tout ce que vous me demandez, qu'éprouveriez-vous pour moi ?

— Peut-être cette première preuve de dévoûment à mes désirs, me causerait-elle une vive impression... mais je ne puis l'affirmer ; ma divination ne va pas jusque-là, Monseigneur.

— Ah ! vous êtes impitoyable, — s'écria le prince, avec un dépit douloureux, — vous ne savez qu'exiger.

— Vaut-il mieux vous faire de fausses promesses, Monsieur ? Cela ne serait digne, ni de vous, ni de moi ; et puis enfin, voyons, parlons en gens de cœur, encore une fois, qu'est-ce que je vous demande ? de vous montrer juste et clément pour le plus honorable des hommes ; paternel pour l'orphelin que vous avez élevé. Si vous saviez, ces pauvres enfants, comme ils s'aiment ! Quelle naïveté ! quelle tendresse ! quel désespoir ! Ce matin, en me parlant de la ruine de ses espérances, Antonine m'a émue jusqu'aux larmes.

— Frantz est d'une naissance illustre, j'ai d'autres projets et d'autres vues sur lui, — reprit impatiemment le prince, — il ne peut pas se mésallier à ce point.

— Le mot est joli... Et qui suis-je donc, moi, Monseigneur? Magdalena Pérès, fille d'un honnête négociant du Mexique, ruiné par des banqueroutes et marquise de hasard... Vous m'aimez pourtant sans crainte de mésalliance?

— Eh! Madame... moi... moi...

— Vous... vous... c'est autre chose, n'est-ce pas? comme dit la comédie.

— Du moins, je suis libre de mes actions.

— Et pourquoi donc Frantz ne serait-il pas libre des siennes, lorsque ses vœux se bornent à une vie modeste et honorable,

embellie par un pur et noble amour?...
Allez, Monseigneur... si vous étiez, comme
vous le dites, épris de moi... comme vous
compâtirez tendrement au désespoir d'a-
mour de ces deux pauvres enfants qui s'a-
dorent, avec l'innocence et l'ardeur de leur
âge! Si la passion ne vous rend pas meilleur, plus généreux, cette passion n'est pas
vraie..... et si je dois jamais la partager... il
faut que je commence par y croire; ce que
je ne puis, en voyant votre impitoyable du-
reté pour Frantz.

— Eh! mon Dieu, si je l'aimais moins, je
ne serais pas impitoyable.

— Singulière façon d'aimer les gens!

— Ne vous ai-je pas dit que je pensais pour lui à de hautes destinées?

— Et je vous dis, Monseigneur, que les hautes destinées que vous lui réservez lui seront odieuses... Il est né pour une vie heureuse, modeste et douce; ses goûts simples, la timidité de son caractère, ses qualités même l'éloignent de tout ce qui est honneurs et splendeur, est-ce vrai?

— Mais alors, — dit le prince, très surpris, — mais vous le connaissez donc?

— Je ne l'ai jamais vu.

— Comment savez-vous?...

— Est-ce que cette chère Antonine ne m'a pas fait toutes ses confidences ? est-ce que, d'après la manière d'aimer des gens, on ne devine pas leur caractère ? En un mot, Monseigneur, le caractère de Frantz est-il tel que je le dis, oui ou non ?

— Il est vrai... tel est son caractère.

— Et vous auriez la cruauté de lui imposer une existence qui lui serait insupportable tandis qu'il trouve là... sous sa main... le bonheur de sa vie ?

— Mais sachez donc que j'aime Frantz comme mon propre fils... et jamais je ne consentirai à me séparer de lui !

— Beau plaisir pour vous d'avoir sans cesse sous les yeux la figure navrée d'une pauvre créature dont vous aurez causé l'éternel malheur! D'ailleurs Antonine est orpheline; rien ne l'empêche d'accompagner Frantz : au lieu d'un enfant, vous en auriez deux. Combien alors la vue de ce bonheur toujours souriant et doux vous reposerait délicieusement de vos grandeurs, des adulations d'un entourage menteur et intéressé ; avec quelle joie vous iriez vous rafraîchir le cœur et l'âme auprès de ces deux enfants qui vous chériraient de tout le bonheur qu'ils vous devraient !

— Tenez... laissez-moi... — s'écria le prince de plus en plus ému. — Je ne sais quelle inconcevable puissance ont vos paroles, mais je sens chanceler mes résolutions les plus arrêtées, je sens faiblir les idées de toute ma vie...

— Plaignez-vous donc de cela, Monseigneur. Tenez... entre nous... sans médire des princes... souvent ils font bien, je crois, de renoncer aux idées de toute leur vie, car, Dieu sait... ce que c'est que ces idées-là... Voyons, croyez-moi, cédez à l'impression qui vous domine... elle est bonne et généreuse...

— Eh! mon Dieu... sais-je seulement, à cette heure, distinguer le bien du mal?

— Interrogez pour cela, Monseigneur, la

figure de ceux dont vous aurez assuré le bonheur ; quand vous direz à l'un : Allez, pauvre exilé, allez revoir la patrie que vous pleurez... vos frères vous tendent leurs bras ; et à l'autre : Mon enfant bien-aimé.., sois heureux, épouse Antonine... Alors, regardez-les bien l'un et l'autre, Monseigneur... et si des larmes viennent mouiller leurs yeux... comme, en ce moment, elles mouillent les vôtres et les miens... soyez tranquille, Monseigneur... c'est le bien que vous aurez fait... et à ce bien... pour vous encourager... car votre émotion me touche... je vous promets d'accompagner Antonine en Allemagne...

— Il serait vrai ! — s'écria le prince éperdu, vous me le promettez ?

— Il faut bien, Monseigneur, — reprit Madeleine en souriant, — vous donner le temps de me séduire...

— Eh bien !... quoi qu'il arrive... quoi que vous fassiez... car vous vous plaisez peut-être à vous jouer de moi, — reprit le prince en se jetant aux genoux de Madeleine... — je vous donne ma parole royale que je pardonne à l'exilé... que je...

L'archiduc fut brusquement interrompu par un bruit assez violent qui se fit tout-à-coup derrière la porte du salon, bruit que dominaient plusieurs voix paraissant échanger des paroles très vives, entre autres celle-ci :

— Je vous dis, Monsieur, que vous n'entrerez pas.

L'archiduc se releva soudain, devint pâle de dépit et de colère, et dit à Madeleine, qui écoutait aussi avec surprise :

— Je vous en conjure... entrez dans la pièce voisine, il se passe ici quelque chose d'extraordinaire... dans un instant, je vous rejoins.

A cet instant, un coup assez violent retentissait derrière la porte ; le prince ajouta, en allant ouvrir à Madeleine la pièce voisine :

— Entrez là, de grâce...

Puis, refermant la porte, et voulant dans sa colère savoir la cause de ce bruit insolent et inaccoutumé, il sortit soudain du salon et vit M. Pascal, que deux aides-de-camp, très émus, tâchaient de contenir.

XVII

XVII

A la vue de l'archiduc, les aides-de-camp s'écartèrent respectueusement, et M. Pascal, qui semblait hors de lui-même, s'écria :

— Mordieu! Monseigneur, on accueille singulièrement les gens ici...

Le prince, se souvenant alors seulement

du rendez-vous qu'il avait donné à M. Pascal, et craignant pour sa propre dignité quelque nouvelle incartade de ce brutal personnage, lui dit, en lui faisant signe de le suivre :

— Venez, Monsieur, venez.

Et, aux yeux des aides-de-camp silencieux, la porte se referma sur le prince et sur le financier.

— Maintenant, Monsieur, — reprit l'archiduc blême de colère, et se contenant à peine, — me direz-vous la cause d'un pareil scandale ?

— Comment! Monseigneur, vous me donnez audience pour trois heures... je suis ponctuel ; un quart-d'heure se passe... personne ; une demi-heure, personne ; ma foi, je perds patience, et je prie un de vos officiers de venir vous rappeler que je vous attends... On me répond que vous êtes en audience... Je me remets à ronger mon frein... mais enfin, au bout d'une autre demi-heure... je déclare formellement à vos messieurs que, s'ils ne veulent pas venir vous avertir, je suis décidé à y aller moi-même...

— Ceci, Monsieur... est d'une audace !

— Comment! d'une audace ! Ah çà ! Monseigneur, est-ce moi qui ai besoin de vous, ou vous qui avez besoin de moi ?

— Monsieur Pascal!...

— Est-ce moi qui suis venu à vous, Monseigneur! Est-ce moi qui vous ai demandé un service d'argent?

— Mais, Monsieur...

— Mais, Monseigneur, lorsque je consens à me déranger de mes affaires pour venir attendre dans votre antichambre, ce que je ne fais pour personne... il me semble que vous ne devez pas me laisser donner au diable pendant une heure, et justement, à l'heure la plus intéressante de la Bourse, que j'aurai manquée aujourd'hui, grâce à vous, Monseigneur; désagrément qui ne m'empêchera pas de trouver fort étrange que vos aides-de-camp me repoussent, lorsque, sur le refus de m'annoncer, je prends le parti de m'annoncer moi-même...

— La discrétion... les plus simples convenances vous commandaient d'attendre... la fin de l'audience que je donnais, Monsieur...

— C'est possible, Monseigneur, mais malheureusement ma juste impatience m'a commandé tout le contraire de la *discrétion*, et franchement je croyais mériter un autre accueil en venant vous parler d'un service que vous m'aviez supplié de vous rendre.

Dans le premier moment de son dépit, de

sa colère, encore exaltés par les grossièretés de M. Pascal, le prince avait oublié que la marquise de Miranda pouvait tout entendre de la pièce voisine où elle se trouvait ; aussi, écrasé de honte et sentant alors le besoin d'apaiser la rude et fâcheuse humeur du personnage, qui ne s'était déjà que trop manifestée, le prince, se contraignant de toutes ses forces pour paraître calme, tâcha d'emmener M. Pascal, tout en causant avec lui, du côté de l'embrasure d'une des fenêtres, afin d'empêcher Madeleine d'entendre la suite de cet entretien.

— Vous savez, Monsieur Pascal, — reprit-il, — que j'ai toujours été... très tolérant pour les brusqueries de votre caractère... Il en sera cette fois encore ainsi.

— Vous êtes, en vérité, trop bon, Monseigneur, — répondit Pascal avec ironie, — mais c'est que, voyez-vous? chacun a souvent ses petites contrariétés... et, en ce moment, j'en ai de grandes... ce qui fait que je ne possède pas tout-à-fait la mansuétude d'un agneau.

— Cette excuse... ou plutôt cette explication me suffit et m'explique tout, monsieur Pascal, — répondit le prince, dominé par le besoin qu'il avait des services du financier. — La contrariété, je le sais, aigrit souvent les caractères les plus faciles ; ne parlons donc plus du passé... Vous m'avez demandé d'avancer de deux jours le rendez-vous que nous avions pris pour terminer notre affaire... J'espère que vous m'apportez une réponse satisfaisante.

— Je vous apporte un Oui bien complet, Monseigneur, — répondit notre homme, en s'adoucissant, et il tira un portefeuille de sa poche ; — de plus, pour corroborer ce oui, voici un bon sur la Banque de France, pour toucher le premier dixième de la somme, et cet engagement de moi pour le restant de l'emprunt.

— Ah ! mon cher monsieur Pascal ! — s'écria le prince radieux, — vous êtes un homme... un homme d'or.

— *Un homme d'or !* C'est le mot, Monseigneur ; voilà, sans doute, la cause de votre penchant pour moi...

Le prince ne releva pas ce sarcasme ; tout heureux de cette journée qui semblait combler ses vœux les plus divers, et très impatient de congédier le financier afin d'aller retrouver Madeleine, il reprit :

— Puisque tout est convenu, mon cher monsieur Pascal, échangeons seulement nos signatures... et, demain matin ou après... à votre heure, nous nous entendrons pour régulariser complètement l'affaire.

— Je comprends, Monseigneur : une fois l'argent et la signature en poche, le plus vif besoin de votre cœur est de vous débarrasser au plus tôt de votre très humble serviteur Pascal! Et demain, vous l'adresserez à quelque subalterne chargé de vos pouvoirs et de régulariser l'affaire.

— Monsieur !

— Bon, Monseigneur, est-ce que ce n'est pas la marche naturelle des choses? Avant le prêt on est un bon génie... *un demi ou un trois-quarts de dieu* ;... une fois l'argent prêté on est un juif, un arabe... Je connais ceci, c'est le revers de la médaille ; ne vous hâtez donc pas tant, Monseigneur, de retourner ladite médaille.

— Enfin, Monsieur, expliquez-vous.

— Tout de suite, Monseigneur, car je suis pressé... L'argent est là, ma signature est là, — ajouta-t-il en frappant sur le portefeuille, — l'affaire est conclue à une condition...

— Encore des conditions ?...

— Chacun, Monseigneur, fait ses petites affaires comme il les entend. Ma condition d'ailleurs est bien simple.

— Voyons, Monsieur, terminons...

— Hier, je vous ai fait remarquer dans le jardin où il se promenait, un beau jeune homme blond... qui demeure ici... m'avez-vous dit.

— Sans doute... c'est le comte Frantz, mon filleul.

— On ne peut certes voir un plus joli garçon, je vous l'ai dit... Or donc, étant le parrain de ce joli garçon, vous devez avoir, n'est-ce pas? quelque influence sur lui.

— Où voulez-vous en venir, Monsieur?

— Monseigneur, dans l'intérêt de votre cher filleul, je vous dirai en confidence que je crois l'air de Paris... mauvais pour lui.

— Comment?

— Oui, et vous feriez sagement de le renvoyer en Allemagne ; sa santé y gagnerait beaucoup, Monseigneur... beaucoup, beaucoup.

— Est-ce une plaisanterie, Monsieur ?

— Cela est si sérieux, Monseigneur, que l'unique condition que je mette à la conclusion de notre affaire est celle-ci : Vous ferez partir votre filleul pour l'Allemagne dans les vingt-quatre heures au plus tard.

— En vérité, Monsieur... je ne puis revenir de ma surprise... quel intérêt avez-vous au départ de Frantz ?... c'est inexplicable.

— Je vais m'expliquer, Monseigneur, et,

pour vous faire bien comprendre l'intérêt que j'ai à ce départ, il faut que je vous fasse une confidence ; cela me permettra de mieux préciser encore ce que j'attends de vous. Or donc, Monseigneur, tel que vous me voyez, je suis amoureux fou... Eh! mon Dieu oui... amoureux fou... cela vous paraît drôle?... et à moi aussi... mais enfin cela est... Je suis donc amoureux fou d'une jeune fille appelée mademoiselle Antonine Hubert, votre voisine...

— Vous... Monsieur... — s'écria le prince abasourdi, — vous !

— Certainement, moi! moi, Pascal! et pourquoi donc pas? Monseigneur? *L'amour est de tout âge*, dit la chanson ; seulement, comme il est aussi de l'âge de votre filleul, M. Frantz, il s'est mis le plus innocemment du monde à aimer mademoiselle Antonine ;... celle-ci, non moins innocemment, a payé de retour ce joli garçon ; ce qui me place, vous le voyez, dans une position fort désobligeante ; heureusement, de cette position, vous pouvez parfaitement m'aider à sortir, Monseigneur.

— Moi ?

— Oui, Monseigneur ; voici comme : faites partir M. Frantz à l'instant, garantissez-moi, et c'est facile, qu'il ne remettra pas les pieds en France avant plusieurs années ; le reste me regarde...

— Mais vous n'y songez pas, Monsieur... Si cette jeune personne aime Frantz...

— Le reste me regarde, vous dis-je, Monseigneur ; le président Hubert n'a pas deux jours à vivre, mes batteries sont prêtes ; la petite sera forcée d'aller vivre avec une vieille parente horriblement avaricieuse et cupide ; une centaine de mille francs me répondront de cette mégère, et une fois qu'elle tiendra la petite entre ses griffes, je jure Dieu qu'il faudra bien qu'Antonine devienne bon gré mal gré *madame Pascal*, et encore il n'y aura pas besoin de la violenter. Allez, Monseigneur, toutes les amourettes de quinze ans ne tiennent pas contre l'envie de devenir, je ne dirai pas *madame l'archiduchesse* ;

madame l'archimillionnaire. Maintenant, Monseigneur, vous le voyez, j'ai franchement joué cartes sur tables ; n'ayant aucun intérêt à agir autrement, il doit vous importer peu ou point que votre filleul épouse une petite fille qui n'a pas le sou. La condition que je vous pose est des plus faciles à remplir... Encore une fois, est-ce oui ? est-ce non ?

Le prince était atterré, bien moins des projets de Pascal et de son odieux cynisme, que de la cruelle alternative où le plaçait la condition imposée par le financier.

Ordonner le départ de Frantz et s'opposer à son mariage avec Antonine, c'était perdre Madeleine ; refuser la condition posée par M. Pascal... c'était renoncer à un emprunt qui lui permettait d'accomplir des projets d'ambitieux agrandissements.

Au milieu de cette lutte de deux passions violentes, le prince, en vrai prince qu'il était, se souvint qu'il avait seulement engagé sa parole à Madeleine pour la grâce de l'exilé... le tumulte causé par l'emportement de Pascal ayant interrompu le prince au moment où il allait aussi jurer à Madeleine de consentir au mariage de Frantz.

Malgré la facilité que lui laissait cette échappatoire, l'archiduc sentit surtout à ce moment combien déjà était puissante sur lui l'influence de la marquise, car, la veille, le matin même, il n'eût pas hésité un instant à sacrifier Frantz à son ambition.

L'hésitation et la perplexité du prince frappaient Pascal d'une surprise croissante ; il n'avait pas cru que sa demande au sujet de Frantz pût faire seulement question ; néanmoins, pour peser sur la détermination du prince en lui remettant sous les yeux les conséquences de son refus, il rompit le premier le silence et dit :

— En vérité, Monseigneur, votre hésitation n'est pas convenable ! Comment ! par condescendance, par faiblesse pour une amourette d'écolier, vous renonceriez à la certitude d'acquérir une couronne ; car, après tout, le *duché* dont on vous offre la cession, est souverain et indépendant ;....... cette cession, mon emprunt seul peut vous mettre à même de l'accepter... ce qui, soit dit en passant, n'est pas peu flatteur pour le bonhomme Pascal;... car enfin... de par l'empire... de son petit boursicot, il peut faire ou ne pas faire des souverains; il peut ou permettre ou empêcher ce joli commerce où se vendent, se revendent, se cèdent et se rétrocèdent ces jobards de peuples, ni plus ni moins que si c'était un parc de bœufs ou de moutons... Mais cela ne me regarde point... Je suis peu politique; mais vous qui l'êtes, Monseigneur, je ne comprends pas votre hésitation. Encore une fois, est-ce oui? est-ce non?

— C'est non... — dit Madeleine, en sortant soudain de la pièce voisine, d'où elle avait entendu la conversation précédente, malgré les précautions du prince.

XVIII

XVIII

L'archiduc, à l'apparition inattendue de la marquise de Miranda, partagea la surprise de M. Pascal; celui-ci jeta d'abord des regards ébahis sur Madeleine, la croyant commensale du palais, car elle avait ôté son chapeau, et sa beauté singulière rayonnait dans toute sa splendeur. L'ombre jusqu'alors portée par la passe de son chapeau qui cachait en partie le front et les joues, avait disparu, et la vive lumière du grand jour, faisant valoir encore la transparente pureté du teint pâle et brun de Madeleine, dorait les boucles légères de sa magnifique chevelure blonde et donnait à l'azur de ses grands yeux, aux longs sourcils noirs, cette étincelante limpidité que donne au bleu d'une mer tranquille, le rayon de soleil qui la pénètre.

Madeleine, la joue légèrement colorée par l'indignation que lui causait l'odieux projet de Pascal, le regard animé, les narines frémissantes, la tête fièrement redressée sur son cou élégant et souple, Madeleine s'avança donc au milieu du salon, et répéta en s'adressant au financier :

— Non... le prince n'acceptera pas la condition que vous avez l'audace de lui imposer, Monsieur.

— Madame... — balbutia M. Pascal en sentant son effronterie habituelle l'abandonner, et se reculant à la fois troublé, intimidé, charmé, — Madame... je ne sais... qui vous êtes... je ne sais de quel droit vous...

— Allons, Monseigneur, reprit la marquise en s'adressant à l'archiduc, — reprenez donc votre dignité.... non de prince, mais d'homme; accueillez donc avec le mépris qu'elle mérite l'humiliante condition que l'on vous impose... A quel prix, grand Dieu! achèteriez-vous un accroissement de pouvoir? Comment! vous auriez le courage de ramasser votre couronne souveraine aux pieds de cet homme? Mais elle souillerait votre front! mais un homme de cœur, dans la plus humble des conditions, n'aurait pas toléré la millième partie des outrages que vous venez de dévorer... Monseigneur! et vous êtes prince? et vous êtes fier? et vous êtes de ceux qui se croient d'une race supérieure au vulgaire? Ainsi, pour vos plats courtisans, pour vos bas adulateurs, pour vos peuples intimidés, vous n'aurez que hauteur, et devant eh... M. Pascal, vous abaisserez votre orgueil souverain... Voilà donc la puissance de l'argent! — ajouta Madeleine avec une exaltation croissante, en coupant la parole au financier, d'un geste de dédain écrasant, — voilà donc devant qui l'on s'incline! Merci-Dieu!!! voilà donc aujourd'hui les rois des rois!... Songez-y donc, prince, ce qui fait l'empire et l'impudence de cet homme, c'est votre ambition... Allons, Monseigneur, au lieu d'acheter, par un honteux abaissement, le hochet fragile d'un rang souverain... renoncez à cette pauvre vanité... reprenez vos droits d'homme de cœur, et vous pourrez ignominieusement chasser cet homme qui vous traite plus insolemment que vous n'avez jamais traité le dernier de vos pauvres vassaux.

Pascal, depuis son avènement à la fortune, s'était habitué à une domination despotique et aux déférences craintives de ceux dont il tenait le sort entre ses mains; que l'on juge de son saisissement, de sa rage, en s'entendant apostropher ainsi par Madeleine... la femme, sinon la plus belle, du moins la plus attrayante qu'il eût jamais rencontrée ;... que l'on songe à son exaspération en pensant qu'il lui faudrait sans doute renoncer à l'espoir d'épouser Antonine et perdre le bénéfice de l'emprunt *ducal*, excellente affaire selon lui; aussi s'écria-t-il d'un air menaçant :

— Madame... prenez garde... ce pouvoir de l'argent que vous traitez si indignement, peut mettre bien des ressources au service de sa vengeance... prenez garde !

— Merci-Dieu!!! la menace est bonne, et elle m'épouvante beaucoup! — reprit Madeleine avec un éclat de rire sardonique, et en arrêtant d'un geste le prince qui fit vivement un pas vers Pascal. — Votre pouvoir est grand, dites-vous, Monsieur du coffre-fort! c'est vrai, c'est un pouvoir immense que celui de l'argent... j'ai vu, à Francfort, un bon petit vieil homme qui a dit, en 1830, à deux ou trois grands rois furibonds : « — Vous vou-
« lez faire la guerre à la France, *cela ne me*
« *convient pas;* or, ni moi, ni ma famille ne
« vous donnerons d'argent pour payer vos
« troupes, — et il n'y a pas eu de guerre...
Ce bon vieil homme, cent fois plus riche que vous, monsieur Pascal, habite l'humble maison de son père, et vit de peu, tandis que son nom bienfaisant est inscrit sur

vingt splendides monuments d'utilité publique... On l'appelle le *roi des peuples,* et son nom est autant de fois béni, que le vôtre est honni ou sifflé, monsieur Pascal ! Car votre réputation de *loyal* et *honnête* homme est aussi bien établie à l'étranger qu'en France. Certainement, oh ! vous êtes connu... monsieur Pascal... trop connu, car vous n'imaginez pas comme on apprécie votre délicatesse, votre scrupuleuse probité !... Ce qui est surtout l'objet de la considération universelle, c'est la manière honorable dont vous avez gagné, augmenté votre immense fortune... Tout cela vous a fait une réputation très retentissante, monsieur Pascal, et je suis heureuse de pouvoir vous l'affirmer dans cette circonstance.

— Madame, — reprit Pascal, avec un calme glacial, plus effrayant que la colère, — vous savez bien des choses, mais vous ignorez quel est l'homme que vous irritez. Vous ignorez ce qu'il peut,... cet homme du coffre-fort, comme vous dites.

Le prince fit un nouveau geste de menace, que Madeleine contint encore ; puis elle reprit, en haussant les épaules :

— Ce que je sais, monsieur Pascal, c'est que, malgré votre audace, votre impudence, votre coffre-fort, vous n'épouserez jamais mademoiselle Antonine Hubert, qui demain sera fiancée à Frantz de Neuberg, ainsi que Monseigneur va vous en donner l'assurance.

Et la marquise, sans attendre la réponse de Pascal, lui fit un demi-salut ironique et rentra dans la pièce voisine.

Entraîné par la généreuse indignation des paroles de Madeleine, de plus en plus subjugué par sa beauté qui venait de lui apparaître sous un jour tout nouveau, l'archiduc, sentant se raviver dans son cœur toutes les rancunes, toutes les colères amassées par les insolences de Pascal, éprouvait la joie de l'esclave, libre enfin d'un joug détesté ; à la voix chaleureuse de la jeune femme, la mauvaise âme de ce prince, durcie par l'orgueil de race, glacée par l'atmosphère de morne adulation où il avait jusqu'alors vécu, eut du moins quelques nobles palpitations ; et la rougeur de la honte couvrit enfin le front de ce hautain personnage, en mesurant à quel degré d'abaissement il était descendu devant M. Pascal.

Celui-ci, n'étant plus intimidé, troublé, par la présence de la marquise, sentit renaître son audace, et, s'adressant brusquement au prince, il lui dit avec son habitude d'ironie brutale, à laquelle se mêlait la haineuse jalousie de voir à l'archiduc une si belle maîtresse (du moins telle était la croyance de Pascal) :

— Morbleu! je ne m'étonne plus, Monseigneur, d'avoir si longtemps fait le pied de grue dans votre antichambre. Vous étiez, je le vois, occupé en bonne et belle compagnie... Je suis un fin connaisseur, et vous fais mon compliment; mais des hommes comme nous ne se laissent pas mener par un cotillon; or, je crois que vous connaissez trop vos intérêts pour renoncer à notre emprunt et prendre au sérieux les paroles que vous venez d'entendre, et que je n'oublierai pas... moi... car, j'en suis fâché pour vous, Monseigneur, — ajouta Pascal, dont la rage redoublait l'effronterie; — mais, malgré ses beaux yeux, il faudra que je me venge des outrages de cette trop adorable personne...

— Monsieur Pascal, — dit le prince, triomphant de pouvoir enfin se venger, — monsieur Pascal! — et du geste il lui montra la porte, — sortez d'ici... et n'y remettez jamais les pieds...

—Monseigneur... ces paroles...

— Monsieur Pascal, — reprit le prince d'une voix plus élevée en allongeant la main vers le cordon d'une sonnette, — sortez d'ici... à l'instant, ou je vous fais jeter dehors...

Il y a ordinairement tant de lâcheté dans l'insolence, tant de bassesse dans la cupidité, que M. Pascal, atterré de voir ses espérances lui échapper, et de perdre aussi les bénéfices de l'emprunt, se repentant, mais trop tard, de sa grossièreté, devint aussi abject qu'il avait jusqu'alors été arrogant, et dit au prince d'une voix piteuse :

—Monseigneur... je plaisantais ; je croyais

que Votre Altesse, en daignant me laisser mon franc-parler, s'amusait de mes boutades. Voilà pourquoi je me permettais tant de choses…. incongrues…. Votre Altesse peut-elle penser que j'ose conserver le moindre ressentiment des plaisanteries que cette charmante dame m'a adressées?... Je suis trop galant, trop *chevalier français* pour cela ; je demanderai même à Votre Altesse, dans le cas où, comme je l'espère, notre emprunt aurait toujours lieu, d'offrir à cette respectable dame ce que nous autres hommes du *coffre-fort,* comme elle le disait si gaîment tout-à-l'heure, nous appelons des épingles, pour sa toilette... quelques rouleaux de mille louis ; les dames ont toujours de petites emplettes à faire... et...

— Monsieur Pascal, dit le prince, qui jouissait de cette humiliation qu'il n'avait pas eu le courage d'infliger à M. Pascal, — vous êtes un misérable drôle... sortez...

— Ah çà ! Monseigneur, est-ce sérieusement que vous me traitez ainsi ? — s'écria Pascal.

Le prince, sans répondre, sonna vivement ; un aide-de-camp entra.

— Vous voyez bien Monsieur, — dit l'archiduc à l'officier, en indiquant du geste Pascal — Regardez-le !

— Oui, Monseigneur.

— Savez-vous son nom?

— Oui, Monseigneur, c'est M. Pascal.

— Vous le reconnaîtrez bien?

— Parfaitement, Monseigneur.

— Eh bien! conduisez cet homme jusqu'à la porte du vestibule, et s'il avait jamais l'impudence de se présenter ici, chassez-le honteusement.

— Nous n'y manquerons pas, Monseigneur, — répondit l'aide-de-camp, qui, ainsi que ses camarades, avait eu sa part des insolences de M. Pascal.

Notre homme, voyant la ruine de ses espérances, et n'ayant plus rien à ménager, retrouva son audace, redressa la tête et dit au prince, qui, suffisamment vengé, avait hâte d'aller rejoindre Madeleine dans la chambre voisine.

— Tenez, monsieur l'archiduc, notre courage et notre bassesse à tous les deux, sont de la *même farine* : l'autre jour j'étais fort de votre lâcheté, comme tout à l'heure vous avez été fort de la mienne... la seule personne vaillante ici, c'est cette damnée femme... aux sourcils noirs et aux cheveux blonds... mais je me vengerai d'elle et de vous !

Le prince, irrité de se voir ainsi traité

devant un de ses subalternes, devint pourpre et frappa du pied avec fureur.

— Sortirez-vous, Monsieur! — s'écria l'officier en mettant la main à la garde de son épée, et menaçant Pascal, — hors d'ici, ou sinon...

— Tout beau... Monsieur le batailleur, — répondit froidement Pascal, en se retirant, — tout beau! on ne sabre personne ici, voyez-vous?... et nous sommes en France, voyez-vous?... et nous avons, voyez-vous? de bons petits commissaires de police pour recevoir la plainte des honnêtes citoyens que l'on violente...

M. Pascal sortit du palais le cœur noyé de

fiel, rongé de haine, crevant de rage; il songeait à sa cupidité déçue, à son amour déçu, et il ne pouvait chasser de sa pensée l'ardente et pâle figure de Madeleine, qui, loin de lui faire oublier la candeur virginale de la beauté d'Antonine, semblait la rendre plus présente encore à son souvenir, car ces deux types à la fois, si parfaits et si dissemblables, se faisaient valoir par leur contraste même.

— L'homme est un animal bizarre... je me sens des instincts de tigre, — se disait M. Pascal, en suivant à pas lents la rue du Faubourg-Saint-Honoré, les deux mains plongées dans les goussets de son pantalon. — Non, — ajouta-t-il en marchant la tête baissée et les yeux machinalement fixés sur le pavé, — non... il ne faut pas dire cela... de peur de rendre moins cruelle, moins amère à ceux qui la ressentent, l'envie qu'ils nous portent, à nous autres millionnaires... car heureusement nos envieux souffrent comme des damnés de toutes les joies qu'ils nous supposent... Mais enfin c'est un fait : me voici, moi, à cette heure... ayant dans ma caisse de quoi me rassasier de toutes les jouissances, permises et défendues, qu'il soit donné à l'homme de rêver... je suis jeune encore, je ne suis pas sot, je suis plein de vigueur et de santé, libre comme l'oiseau... la terre est à moi... je puis me rassasier de ce qu'elle offre de plus exquis dans tous les pays, je puis mener une vie de sybarite, à Paris, à Londres, à Vienne, à Naples ou à Constantinople, j'ai pu être prince, duc ou marquis, et chamarré de cordons, je puis avoir ce soir à mon coucher les actrices les plus belles et les plus enviées de Paris, je puis avoir chaque jour un festin de Lucullus... me faire traîner par les plus beaux chevaux de Paris ; je peux encore, dans un mois, en prenant un hôtel splendide, comme tant d'autres fripons ou imbéciles, réunir chez moi l'élite de Paris, de l'Europe : ce *quasi roi* que j'ai failli sacrer avec la sainte ampoule de la Banque de France, cet *archiduc* que je quitte, m'a léché les pieds... Eh bien ! ma parole d'honneur, — ajouta mentalement M. Pascal en grinçant des dents, — je gage que personne au monde ne souffre autant que moi en ce moment. J'étais dans le paradis lorsque, homme de peine, je décrottais les souliers de mon vieux coquin d'usurier de province... Heureusement que, pour ne pas mâcher à vide... je peux toujours, en attendant de meilleurs morceaux, *manger un peu de* Dutertre... courons chez mon huissier. . . . .

. . . .

L'archiduc, après le départ du financier, se hâta, nous l'avons dit, d'aller retrouver la marquise de Miranda ; mais, à son grand étonnement, il ne la retrouva pas dans la pièce où elle était entrée.

Cette pièce n'ayant d'autre issue que dans le salon de service, le prince demanda aux aides-de-camp s'ils avaient vu passer la personne à qui il avait donné audience. Il lui fut répondu que cette dame était sortie du salon, et avait quitté le palais peu de temps avant le départ de M. Pascal.

Madeleine, en effet, s'était éloignée, quoiqu'elle eût d'abord résolu d'attendre le prince jusqu'à la fin de son entretien avec M. Pascal.

Voici pourquoi la marquise avait pris le parti contraire :

Elle rentrait dans le salon, après avoir traité M. Pascal comme il méritait de l'être, lorsque, jetant par hasard les yeux dans le jardin, elle aperçut Frantz, qui avait sollicité la grâce de faire avant son départ quelques tours de parc, accompagné du major Butler.

A la vue de Frantz, Madeleine resta pétrifiée.

Elle reconnut son *blond archange*, l'objet de cette idéale et unique passion, dont elle avait fait l'aveu à Sophie Dutertre.

XIX

XIX

Madeleine ne douta pas un moment que le héros du duel dont elle avait été le témoin invisible, que son blond archange, qu'en un mot l'idéal de sa passion... et Frantz, l'objet de la passion d'Antonine, ne fussent qu'un même personnage.

A cette brusque découverte, la marquise ressentit une commotion profonde. Jusqu'alors, cet amour, entouré de mystère et d'inconnu, cet amour vague et charmant, comme le souvenir d'un doux rêve, avait suffi à remplir son cœur au milieu des agitations de sa vie, rendue si bizarre par le calme de ses sens glacés, comparés aux folles ardeurs qu'involontairement elle inspirait sans les ressentir.

Jamais Madeleine n'avait pensé que son idéal pût partager l'amour d'une autre femme, ou plutôt jamais sa pensée ne s'était arrêtée sur ce doute ; pour elle, son radieux archange était muni de belles ailes blanches qui devaient le ravir à tous les yeux dans les plaines infinies de l'Éther... Sans cesse assaillie de sollicitations très peu *platoniques*, elle éprouvait une joie, un délassement moral, ineffables, à s'élever parmi les régions immatérielles, où ses yeux, éblouis et charmés, voyaient planer son idéal.

Mais, soudain, la réalité avait coupé les ailes de l'archange, et, déchu de sa sphère céleste, il n'était plus qu'un beau jeune homme, épris d'une jolie fille de quinze ans, qui l'adorait aussi...

A cette découverte, Madeleine éprouva d'abord une sorte de tristesse ou plutôt de mélancolie douce, semblable à celle qui suit le réveil d'un songe enchanteur; car, pour éprouver les tortures de la jalousie, il faut aimer charnellement. Madeleine ne pouvait donc pas être jalouse d'Antonine. Enfin, si Frantz avait presque toujours occupé la pensée de Madeleine, il n'avait eu aucune part dans sa vie; il ne s'agissait donc pas pour elle de rompre ces mille liens que l'habitude, la sympathie, la confiance rendent si chers; cependant elle se sentit bientôt en proie à une inquiétude croissante, à de pénibles pressentiments, dont elle ne se rendait pas compte. Soudain elle tressaillit et dit :

— Si la fatalité voulait que ce charme étrange que j'exerce sur presque tous ceux qui m'approchent, agît aussi sur Frantz; si, cette impression... j'allais la partager en la voyant vivement ressentie par le seul homme qui ait jusqu'ici occupé mon cœur et ma pensée!

Puis, tâchant de se rassurer en faisant appel à son *humilité,* Madeleine se dit :

— Mais non... Frantz aime trop Antonine, c'est son premier amour; la candeur, la sincérité de cet amour le sauvegarderont. Il aura pour moi cette froideur que j'éprouve pour tous... Oui... et pourtant, qui me dit que mon orgueil, que mon amour peut-être, ne se révolteront pas de la froideur de Frantz? qui me dit qu'oubliant les devoirs d'une amitié sainte, presque maternelle, pour Antonine... je n'userai pas de toutes les ressources de l'esprit et de la séduction pour vaincre l'indifférence de

Frantz? Oh! non, ce serait odieux... et puis, je m'abuse... encore une fois, Frantz aime trop Antonine... Hélas! le mari de Sophie l'aime tendrement aussi... et je crains que...

Ces réflexions de la marquise avaient été interrompues par les éclats de voix de l'archiduc, qui ordonnait à Pascal de sortir; prêtant alors l'oreille à cette discussion, elle s'était dit :

— Après avoir mis cet homme à la porte, le prince va venir; occupons-nous du plus pressé...

Tirant alors de sa poche un agenda, la marquise détacha l'un de ses feuillets et traça quelques lignes au crayon, plia le papier, le ferma au moyen d'une épingle, et après avoir écrit sur l'adresse : *Pour le Prince,* elle posa ce billet, bien en évidence, sur une table de marbre placée au milieu du salon, remit son chapeau et sortit, nous l'avons dit, peu de temps avant le départ de M. Pascal.

Pendant que l'archiduc, stupéfait et désolé de ne pas trouver la marquise, ouvrait avec une angoisse inexprimable le billet laissé par elle, celle-ci se rendait chez Antonine, où Sophie Dutertre devait se trouver aussi.

A son arrivée chez le président Hubert, introduite dans un modeste salon, la marquise y fut reçue par Sophie Dutertre, qui, courant à elle, lui dit avec anxiété :

— Eh bien! Madeleine, tu as vu le prince?

— Oui; et j'ai bon espoir.

— Il serait possible?...

— Possible, oui, ma chère Sophie; mais voilà tout. Je ne veux pas causer de folle espérance à cette pauvre enfant. Où est-elle?

— Auprès de son oncle. Heureusement, la crise de ce matin paraît avoir des résultats de plus en plus satisfaisants. Le médecin vient de dire que, si ce mieux continue, M. Hubert sera peut-être ce soir hors de danger.

— Dis-moi, Sophie, crois-tu que M. Hubert soit en état de recevoir une visite?

— De qui?

— D'un certain personnage. Je ne puis maintenant t'en dire plus.

— Je crois que oui; car un des amis de M. Hubert sort d'ici. Seulement, le médecin lui avait recommandé de ne pas rester trop longtemps, afin de ne pas fatiguer le malade.

— C'est à merveille. Et Antonine, pauvre petite, elle doit être dans une inquiétude mortelle!

— Pauvre chère enfant, elle fait pitié... C'est une douleur si naïve et à la fois si douce et si désespérée, que j'en ai le cœur navré... Tiens, Madeleine... je suis sûre qu'elle mourrait de chagrin s'il lui fallait renoncer à Frantz... Ah!... mieux vaut la mort que certaines souffrances,—ajouta Sophie avec un accent si profondément triste, que les larmes lui coulèrent des yeux; puis, les essuyant, elle ajouta : — Oui, mais quand on a des enfants... il faut vivre...

Madeleine fut si frappée de l'accent de

madame Dutertre, de sa pâleur, qu'elle n'avait pas encore remarquée, des pleurs qu'elle lui voyait verser, qu'elle lui dit :

— Mon Dieu! Sophie... qu'as-tu donc? pourquoi ces pénibles paroles? pourquoi ces larmes?... Hier, je t'avais laissée calme, heureuse, sauf, m'as-tu dit, quelques préoccupations causées par les affaires de ton mari! Y a-t-il aujourd'hui quelque chose de nouveau?

— Non... je ne... le pense pas, — répondit madame Dutertre avec hésitation. — Mais, depuis hier... ce sont moins les préoccupations d'affaires de mon mari... qui m'inquiètent, que...

— Achève...

— Non, non, je suis folle... — reprit madame Dutertre en se contraignant et semblant refouler quelques paroles prêtes à lui échapper, — ne parlons pas de moi, parlons d'Antonine ; je suis si émue du désespoir de cette pauvre enfant... qu'on dirait que ses peines sont les miennes...

— Sophie... tu ne me dis pas la vérité ?

— Je t'assure...

— Je te trouve pâle... changée... Oui... depuis hier... tu as souffert, beaucoup souffert, j'en suis sûre.

— Mais non... — reprit la jeune femme, mettant son mouchoir sur ses yeux, — tu te trompes...

— Sophie... — dit vivement Madeleine en prenant entre les siennes les mains de son amie, — tu ne sais pas combien ton manque de confiance m'afflige ; tu me ferais croire que tu as à te plaindre de moi...

— Que dis-tu ? — s'écria Sophie, désolée de ce soupçon, — tu es... tu seras toujours ma meilleure amie, et si je ne craignais de te fatiguer de mes doléances...

— Ah ! encore ? — reprit la marquise d'un ton d'affectueux reproche.

— Pardon... pardon, Madeleine; mais, en vérité, ne suffit-il pas de confier à ses amis des peines réelles, sans les attrister encore par l'aveu de pressentiments vagues, mais souvent bien douloureux pourtant?

— Voyons, Sophie, ma chère Sophie, ces pressentiments.

— Depuis hier... mais encore une fois... non, non... je vais te paraître folle.

— Tu me paraîtras folle... soit... mais parle, je t'en conjure.

— Eh bien! il me semble que, depuis hier, mon mari est sous l'empire de je ne sais quelle idée fixe...... qui l'absorbe.

— Des préoccupations d'affaires, peut-être?

— Non... oh! non... il a autre chose, et c'est cela qui me confond... et m'alarme.

— Qu'as-tu donc remarqué?

— Hier, après ton départ, il avait été convenu qu'il ferait deux démarches d'une grande importance pour nous... Voyant l'heure s'écouler, je suis allée dans notre chambre, où il s'était rendu pour s'habiller. Je l'ai trouvé encore avec ses vêtements de travail, assis devant une table, son front appuyé sur sa main; il ne m'avait pas entendue entrer. — Charles, lui dis-je, mais tu oublies l'heure; tu as à sortir. — Pourquoi sortir? me demanda-t-il. — Mais, mon Dieu! pour deux démarches très urgentes, pour tes affaires... (et je les lui rappelai). — Tu as raison, me dit-il, je n'y pensais plus. — Mais à quoi songeais-tu donc, Charles?— lui ai-je demandé. Il a rougi, a paru embarrassé, et ne m'a rien répondu.

— Peut-être a-t-il un projet, une résolution qu'il médite et qu'il ne croit pas encore devoir te confier.

— C'est possible... et pourtant jamais il ne m'a rien caché, même ses projets les plus vagues. Non... non... ce ne sont pas ses affaires qui le préoccupent ; car, hier soir, au lieu de causer avec son père et moi d'un état de choses qui, je dois te l'avouer, Madeleine, est plus grave que je ne te l'ai dit, Charles nous a entretenus de choses tout-à-fait étrangères à ce qui devait le préoccuper... Et... là... seulement, je n'ai pas eu le courage de le blâmer, car il nous a surtout parlé de toi.

— De moi ?... Et... qu'a-t-il dit ?

— Que tu avais été pour lui remplie de bienveillance, hier matin ; puis il m'a demandé mille détails sur toi, sur ton enfance, sur ta vie ; je lui ai répondu avec bonheur, comme bien tu penses, Madeleine; et puis, soudain, il est retombé dans un morne silence, dans une sorte de méditation si profonde, que rien n'a pu l'en tirer, pas même les caresses de nos enfants.

A ce moment, le vieux domestique de M. Hubert, qui était connu de madame Dutertre, entra d'un air surpris, affairé, et dit à Sophie :

— Madame, mademoiselle Antonine est auprès de Monsieur, sans doute?

— Oui, Pierre; qu'y a-t-il?

— Mon Dieu! Madame... ça m'a très

étonné, et je n'ai su que répondre.

— Voyons, Pierre, expliquez-vous.

— Voici, Madame. Il y a là un officier étranger... probablement un de ceux de la suite du prince qui habite maintenant l'Élysée.

— Ensuite?

— Cet officier a une lettre qu'il veut remettre lui-même, dit-il, entre les mains de M. le président, qui devra donner une réponse... J'ai eu beau dire à cet officier que Monsieur était bien malade; il m'a assuré qu'il s'agissait d'une chose très importante et très pressée, et qu'il venait de la part de Son Altesse qui occupe l'Élysée ; alors, Madame, dans mon embarras, je viens vous demander qu'est-ce qu'il faut faire.

Madame Dutertre, oubliant ses chagrins, se tourna vers Madeleine, et lui dit vivement et avec joie :

— Ton espoir ne t'avait pas trompée... Cette lettre du prince... c'est son consentement peut-être à ce mariage... Pauvre Antonine... va-t-elle être heureuse !...

— Ne nous hâtons pas trop de nous réjouir, chère Sophie... Attendons... mais, si tu m'en crois, va trouver cet officier, un aide-de-camp du prince, sans doute... Dis-lui que M. Hubert, quoique éprouvant un peu de mieux, ne peut cependant le recevoir ; tu prieras l'officier de te confier la lettre, en l'assurant que tu vas la faire remettre à M. Hubert, qui donnera une réponse.

— Tu as raison, Madeleine... Venez, Pierre, — dit Sophie en sortant, accompagnée du vieux domestique.

— Je ne m'étais pas trompée, — dit la marquise, restée seule. — Ces regards de M. Dutertre... En vérité, cela est fatal... Mais, je l'espère, — ajouta-t-elle en souriant à demi, — dans l'intérêt de Sophie et de son mari, je saurai tirer bon parti de cette infidélité vénielle.

Puis, en suite d'un moment de réflexion, Madeleine ajouta :

— Le prince est d'une ponctualité rare... Puisse-t-il également avoir égard à l'autre recommandation contenue dans mon billet au crayon !

Antonine sortit alors de la chambre de son oncle. A la vue de la marquise, la pauvre enfant n'osa faire un pas. Elle resta immobile, muette, tremblante, attendant son sort avec une angoisse mortelle, car Madeleine lui avait promis le matin même d'intercéder auprès du prince.

Sophie alors rentra, tenant à la main la lettre que l'aide-de-camp venait de lui remettre; elle la donna à Antonine, en lui disant :

— Tiens, mon enfant, porte cette lettre tout de suite à ton oncle... C'est très pressé... très important... il te donnera la réponse... et je la transmettrai à la personne qui attend...

Antonine prit la lettre des mains de madame Dutertre et jeta un regard de curiosité inquiète sur ses deux amies, qui échangeaient un regard d'intelligence et d'espoir contenu; leur physionomie frappa tellement Antonine, que, s'adressant tour à tour aux de deux jeunes femmes, elle leur dit :

— Sophie... Madeleine, qu'y a-t-il? Vous vous regardez en silence... et cette lettre !... Que se passe-t-il donc, mon Dieu?

— Va vite, mon enfant, — dit Madeleine, — tu nous retrouveras ici.

Antonine, de plus en plus troublée, rentra précipitamment chez son oncle ; madame Dutertre, voyant la marquise baisser la tête et rester silencieuse et pensive, lui dit :

— Madeleine... qu'as-tu donc?...

— Rien... mon amie... Je songe au bonheur de cette pauvre Antonine, si mes espérances ne me trompent pas...

Ah! ce bonheur... c'est à toi qu'elle le devra... Avec quelle ivresse, elle et M. Frantz te rendront grâces!... N'auras-tu pas été leur providence?

Au nom de Frantz, Madeleine tressaillit, rougit légèrement, et un nuage passa sur son front. Sophie n'eut pas le temps de s'apercevoir de l'émotion de son amie, car Antonine sortit soudain de la chambre voisine, sa charmante figure bouleversée par une expression de surprise et de joie impossible à rendre; puis, sans pouvoir prononcer une parole, elle se jeta au cou

Madeleine; mais, l'émotion étant trop vive sans doute, elle pâlit soudain, et les deux amies furent obligées de la soutenir.

— Dieu soit loué! — dit Sophie, — malgré ton trouble, ta pâleur, ma pauvre Antonine... je suis certaine qu'il s'agit d'une bonne nouvelle.

— Ne tremble donc pas ainsi, chère en-enfant, — reprit à son tour Madeleine. — Calme-toi... remets-toi...

— Oh! si vous saviez!... murmura la jeune fille. — Non... non... je ne puis le croire encore.

La marquise de Miranda, prenant affectueusement les deux mains d'Antonine entre les siennes, lui dit :

— Il faut toujours croire au bonheur, mon enfant ; mais voyons... explique-toi, de grâce.

Tout à l'heure, — reprit la jeune fille d'une voix entrecoupée par des larmes de joie, — j'ai porté la lettre à mon oncle. Il m'a dit : — Antonine, j'ai la vue bien affaiblie... lis-moi cette lettre, je te prie. — Alors j'ai décacheté l'enveloppe ; je ne sais pourquoi, le cœur me battait d'une force... mais d'une force à me faire mal, tenez... comme maintenant encore, — ajouta la jeune fille en mettant sa main sur son sein comme pour comprimer ses pulsations... si vives, qu'elle fut obligée de s'interrompre un instant ; puis elle reprit :

J'ai donc lu la lettre ; il y avait... Oh !... je n'en ai pas oublié un seul mot :

« Monsieur le président Hubert, je vous
« prie, malgré l'état maladif où vous êtes,
« de m'accorder à l'instant, si cela vous est
« possible, un moment d'entretien pour une
« affaire urgente et de la plus haute impor-
« tance.

« Votre affectionné,

« Léopold-Maximilien. »

— Mais, — a dit mon oncle en se dressant

sur son séant, — c'est le nom du prince qui occupe maintenant l'Élysée. — Je... je... crois... que oui, mon oncle, lui ai-je répondu. — Que peut-il me vouloir! — a repris mon oncle. — Je ne sais, — lui ai-je dit en tremblant et en rougissant, car je mentais, et je me reprochais de n'avoir pas encore osé lui avouer mon amour pour M. Frantz. Alors mon oncle a repris : « — Il m'est im-
« possible, quoique souffrant, de ne pas re-
« cevoir le prince, mais je ne saurais lui
« répondre par lettre, je suis encore trop
« accablé. Remplace-moi, Antonine, et va
« écrire ceci : rappelle le toi-bien :

« Monseigneur, ma faiblesse ne me per-
« mettant pas d'avoir l'honneur de répondre
« moi-même à Votre Altesse, j'emprunte

« une main étrangère pour vous dire, Mon-
« seigneur, que je suis à vos ordres. »

— Cette lettre, je vais maintenant l'écrire pour mon oncle, — reprit Antonine en s'approchant d'un pupitre placé sur une table de salon. — Mais, dites, Sophie, — ajouta la jeune fille avec entraînement, — dites... si je ne dois pas bénir Madeleine, la remercier à deux genoux?... car si le prince voulait s'opposer à mon mariage avec M. Frantz, il ne viendrait pas voir mon oncle, n'est-ce pas, Sophie?... et sans Madeleine, le prince aurait-il jamais consenti à venir ?

— Comme toi, mon enfant, je dis qu'il faut bénir notre chère Madeleine, — reprit madame Dutertre en serrant la main de la marquise, — mais, en vérité, je le répète encore, Madeleine, tu as donc un talisman, pour obtenir ainsi tout ce que tu désires?

— Hélas! chère Sophie, — reprit la marquise en souriant, — ce talisman,... si je l'ai,... ne sert qu'aux autres,... et pas à moi.

Pendant que les deux amies échangeaient ces paroles, Antonine s'était assise devant le pupitre; mais, au bout de deux secondes de vaine tentative, il lui fallut renoncer à écrire; sa petite main tremblait si fort... si fort... qu'elle ne pouvait tenir sa plume.

— Laisse-moi me mettre à ta place, ma chère enfant, — dit Madeleine, qui ne la quittait pas des yeux, — je vais écrire pour toi...

— Pardon... Madeleine, — dit la jeune fille, en cédant sa place à la marquise. — Ce n'est pas ma faute... mais... c'est plus fort que moi.

— C'est la faute de ton cœur, pauvre petite. Je conçois ton émotion, — dit la marquise en écrivant d'une main ferme la réponse du président Hubert. — Maintenant, — ajouta-t-elle, — sonne... quelqu'un, Antonine, afin que cette lettre soit remise à l'aide-de-camp du prince.

Le vieux domestique entra et fut chargé d'aller remettre la lettre à l'officier.

— A cette heure, ma petite Antonine — dit la marquise à la jeune fille, — il te reste un devoir à remplir, et je suis certaine que Sophie sera de mon avis ; avant l'arrivée du prince, il faut en peu de mots tout avouer à ton oncle.

— Ce que dit Madeleine est très juste, — reprit Sophie, — il serait d'un mauvais effet que M. Hubert ne fût pas prévenu du but probable de la visite du prince.

— Ton oncle est bon et bienveillant, ma chère Antonine, — ajouta Madeleine, — il excusera un manque de confiance... causé surtout, je n'en doute pas, par ta timidité...

— Vous avez raison toutes deux, je le

sens — dit Antonine; de cet aveu d'ailleurs je n'ai pas à rougir... car c'est comme malgré moi, mon Dieu! et sans y songer... que j'ai aimé M. Frantz.

— C'est ce qu'il faut te hâter d'aller confier à ton oncle, mon enfant, car le prince ne peut tarder beaucoup à venir... Mais dis-moi... — ajouta la marquise, — pour une raison à moi connue, je désirerais ne pas me trouver ici lors de l'arrivée du prince... Ne peut-on, de ce salon, aller dans ta chambre?

— Le corridor sur lequel s'ouvre cette porte, — répondit Antonine, — mène à ma chambre; Sophie connaît bien le chemin.

— En effet... je vais te conduire, Madeleine, — reprit Sophie en se levant ainsi que la marquise, qui, baisant tendrement Antonine au front, lui dit, en lui montrant la porte de la chambre de son oncle, — va vite... chère petite, les moments sont précieux.

La jeune fille jeta un regard de tendresse reconnaissante sur les deux amies ; celles-ci, quittant le salon, se dirigeaient vers la chambre de Mademoiselle Hubert, en suivant le corridor, lorsqu'elles virent venir à elles le vieux domestique, qui dit à Sophie:

— Madame... M. Dutertre voudrait vous parler à l'instant.

— Mon mari !... et où est-il?

— En bas, Madame, dans un fiacre, à la porte ; il m'a fait demander par le concierge pour me dire de vous prier de descendre.

— C'est singulier! pourquoi n'est-il pas monté ? — dit Sophie, en regardant son amie.

— M. Dutertre n'a que quelques mots à dire à Madame, — reprit Pierre.

Madame Dutertre, assez inquiète, le suivit, et, s'adressant à la marquise :

— Je reviens à l'instant, mon amie, car j'ai bien hâte de savoir le résultat de la visite du prince à M. Hubert.

Madeleine resta seule.

— J'ai bien fait de me hâter, pensa-t elle avec une sorte d'amertume, — j'ai bien fait de céder à mon premier mouvement de générosité ; demain il eût été trop tard ; je n'aurais peut-être pas eu le courage de me sacrifier à Antonine... Cela est étrange : il y a une heure, en songeant à Frantz et à elle, je ne ressentais aucune jalousie, aucune angoisse... et seulement une mélancolie douce; mais voilà que peu à peu mon cœur s'est resserré, s'est endolori ; et, à cette heure, je souffre... oh ! oui... je souffre bien...

La brusque rentrée de Sophie interrompit les réflexions de la marquise, et elle devina quelque grand malheur, à l'expression sinistre, presque égarée, de madame Dutertre, qui lui dit d'une voix brève, haletante :

— Madeleine... tu m'as offert tes services, je les accepte.

— Grand Dieu ! Sophie... qu'as-tu ?

— Notre position est désespérée.

— Explique-toi...

— Demain, ce soir, peut-être... Charles sera arrêté.

— Ton mari ?

— Arrêté... te dis-je... oh ! mon Dieu !...

— Mais pourquoi... mais comment ?

— Un monstre de méchanceté... que nous croyions notre bienfaiteur... M. Pascal...

— M. Pascal !...

— Oui... hier... je n'ai pas osé... je n'ai pas pu tout te dire... mais...

— M. Pascal ! — répéta Madeleine.

— Notre sort est entre les mains de cet homme impitoyable... il peut, il veut nous réduire à la dernière misère... Mon Dieu ! que devenir ?... et nos enfants ! et le père de mon mari ! et nous-mêmes !... ah ! c'est horrible ! c'est horrible !

— M. Pascal, — reprit la marquise avec une indignation contenue, — le misérable... oh! oui... je l'ai lu sur sa figure... je l'ai vu à son insolence et à sa bassesse... cet homme doit être impitoyable.

— Tu le connais?...

— Ce matin... je l'ai rencontré chez le prince... Ah! maintenant... je regrette d'avoir cédé au courroux, au mépris que m'inspirait cet homme... Pourquoi ne m'as-tu pas parlé plus tôt? c'est un malheur, Sophie... un grand malheur...

— Que veux-tu dire?...

— Enfin, il n'importe, il n'y a pas à revenir sur le passé. Mais voyons, Sophie... mon amie... ne te laisse pas abattre... ne t'exagère rien... dis-moi tout... et peut-être trouverons-nous le moyen de conjurer le coup qui vous menace...

— C'est impossible... tout ce que je viens te demander au nom de Charles... au nom de mes enfants... c'est de...

— Laisse-moi t'interrompre... Pourquoi dis-tu qu'il est impossible de conjurer le coup qui vous menace?

— M. Pascal est impitoyable.

— Soit... Mais quelle est votre position envers lui?

— Il y a un an, mon mari s'est trouvé, comme tant d'autres industriels, dans une position embarrassée. M. Pascal lui a offert ses services. Charles, trompé par de loyales apparences, a accepté; il serait trop long de t'expliquer par quel enchaînement d'affaires, Charles, confiant dans les promesses de M. Pascal, s'est trouvé bientôt sous la dépendance absolue de cet homme, qui pouvait, du jour au lendemain, réclamer à mon mari plus de cent mille écus, c'est-à-dire ruiner son industrie, nous plonger dans la misère; enfin le jour est venu où M. Pascal, fort de ce pouvoir terrible, a mis mon mari et moi dans l'alternative d'être perdus, ou de consentir à deux indignités qu'il nous imposait.

— L'infâme! l'infâme!

— Hier, lorsque tu es arrivée, il venait de nous signifier sa menace. Nous avons répondu selon notre cœur et notre honneur... il nous a juré de se venger, et aujourd'hui il tient parole... Nous sommes perdus... te dis-je, il prétend, en vertu de je ne sais quel droit, faire provisoirement emprisonner Charles... Ma pensée, à moi, est qu'il faut, avant tout, que mon mari échappe à la prison... Il s'y refuse, disant que c'est un piège... qu'il n'a rien à craindre, et que...

Madeleine, qui était restée quelque temps pensive, interrompit de nouveau son amie, et lui dit:

— Pour que vous n'ayez plus rien à redouter de M. Pascal, que faudrait-il ?

— Le rembourser...

— Et ton mari lui doit ?

— Plus de cent mille écus, garantis par notre usine ; mais, une fois expropriés, nous ne possédons plus rien au monde. Mon mari est déclaré en faillite, et son avenir est perdu.

— Et il n'y a pas absolument d'autre moyen d'échapper à M. Pascal qu'en le remboursant ?

— Il y en a un sur lequel mon mari avait

toujours compté, d'après la parole de ce méchant homme.

— Et ce moyen ?

— D'accorder dix années à Charles pour se libérer.

— Et avec cette certitude ?

— Hélas! nous serions sauvés; mais M. Pascal veut se venger, et jamais il ne consentira à nous donner un moyen de salut.

Ce triste entretien fut coupé par l'arrivée d'Antonine, qui, rayonnante et folle de joie, entra dans la chambre en disant :

— Madeleine... oh! venez... venez...

— Qu'y a-t-il, mon enfant?... une heureuse nouvelle... je le devine à ton radieux visage...

— Ah!... mes amies, — reprit la jeune fille, — toute ma crainte est de ne pouvoir supporter un si grand bonheur : mon oncle... le prince consentent à tout... et le prince... si vous saviez combien il a été indulgent... paternel, pour moi! car il a voulu que j'assiste à son entretien avec mon oncle... il m'a demandé pardon du chagrin qu'il m'avait causé en voulant s'opposer à notre mariage. « — Ma seule excuse, — a-t-il ajouté, avec « la plus touchante bonté, — ma seule ex- « cuse, Mademoiselle Antonine, c'est que je

« ne vous connaissais pas..... Madame la
« marquise de Miranda, votre amie, a com-
« mencé ma conversion, et vous l'avez
« achevée ; seulement, puisqu'elle est ici,
« dites-vous, ayez la bonté de lui témoigner
« le désir que j'aurais de la remercier de-
« vant vous, de m'avoir mis à même de ré-
« parer mes torts à votre égard... » Ne sont-
ce pas là de nobles et touchantes paroles ?—
ajouta la jeune fille. — Oh ! venez, Madeleine, venez, ma bienfaitrice... ma sœur, ma
mère... vous à qui Frantz et moi devrons
notre bonheur... Venez aussi, Sophie, —
ajouta Antonine en allant prendre madame
Dutertre par la main, — n'êtes-vous pas
aussi de moitié dans mon bonheur, comme
vous l'avez été dans mes confidences et dans
mon désespoir ?

— Ma chère enfant, — reprit madame Dutertre en tâchant de dissimuler son abattement, — je n'ai pas besoin de te dire si je prends part à ta joie; mais la présence du prince m'intimiderait, et d'ailleurs... je le disais tout à l'heure à Madeleine, il me faut retourner chez moi... Je ne puis laisser trop longtemps mes enfants seuls... Allons, embrasse-moi, Antonine, ton bonheur est assuré; cette pensée me sera douce, et, si j'ai quelque chagrin, crois-moi, elle m'aidera à le supporter... Adieu... Si tu as quelque chose de nouveau à m'apprendre viens me voir demain matin.

— Sophie, — dit tout bas la marquise d'une voix ferme à son amie, — courage et espoir; que ton mari ne parte pas, attends-moi chez toi demain matin, toute la matinée.

— Que dis-tu ?

— Je ne puis m'expliquer davantage ; seulement, que l'exemple d'Antonine te donne un peu de confiance. Ce matin, elle était désespérée... la voici maintenant radieuse.

— Oui, grâce à toi.

— Allons, embrasse-moi ; et, encore une fois, courage et espoir.

Alors, se rapprochant d'Antonine, Madeleine lui dit :

— Maintenant, mon enfant, allons retrouver le prince.

La jeune fille et la marquise quittèrent madame Dutertre qui, cédant malgré elle à l'accent de conviction des paroles de Madeleine, regagnait sa triste demeure avec une lueur d'espérance.

Le prince attendait Madeleine dans le salon du président Hubert; il la salua profondément, et lui dit, avec une affectation de politesse cérémonieuse que lui imposait la présence d'Antonine :

— J'avais à cœur, Madame la marquise, de vous remercier du grand service que vous m'avez rendu. Vous m'avez mis à même d'apprécier mademoiselle Antonine Hubert comme elle méritait de l'être ; le bonheur de mon filleul Frantz est à jamais assuré... Je suis convenu avec M. le président Hubert, qui a bien voulu y consentir, que, demain matin, les fiançailles de Frantz et de Mademoiselle Antonine auraient lieu selon la coutume allemande, c'est-à-dire que moi et M. le président Hubert nous signerions, sous peine de parjure et de déloyauté, le contrat d'union que Frantz et Mademoiselle auront signé aux mêmes conditions...

— Ainsi que vous l'avez dit à Antonine, Monseigneur, je n'ai fait que vous mettre sur la voie de la vérité... Antonine s'est chargée de vous prouver tout le bien que je vous avais annoncé d'elle.

— J'ai une grâce à vous demander, Madame la marquise, — reprit le prince en tirant de sa poche une lettre et la remettant à Madeleine, — vous connaissez la famille du colonel Pernetti?

— Beaucoup, Monseigneur.

— Eh bien! veuillez avoir la bonté de faire parvenir au colonel cette lettre après en avoir pris connaissance... Je suis certain, — ajouta l'archiduc, en appuyant sur ces derniers mots, — je suis certain que vous aurez autant de plaisir à envoyer cette lettre, que celui à qui elle est adressée aura de bonheur à la recevoir.

— Je n'en doute pas, Monseigneur, et je

vous renouvelle ici mes bien sincères remercîments, — dit la marquise en faisant une cérémonieuse révérence.

— A demain, Mademoiselle Antonine, — dit le prince à la jeune fille, — je vais ménager à mon pauvre Frantz la bonne nouvelle que je lui apporte... de peur d'une émotion trop vive ;... mais je suis certain, lorsqu'il saura tout, qu'il me pardonnera comme vous... les chagrins que je lui ai causés...

Et après avoir de nouveau salué Antonine et la marquise, avec qui il échangea un regard d'intelligence, le prince regagna l'Élysée-Bourbon.

. . . .

Le lendemain matin, à dix heures, Madeleine monta en voiture et se fit conduire d'abord chez un notaire, puis chez Pascal.

XX

XI

XX

M. Pascal habitait seul le rez-de-chaussée d'une maison située dans le nouveau quartier Saint-Georges, et donnant sur la rue. Une entrée particulière était réservée pour la caisse du financier, gérée par un seul homme de confiance, assisté d'un jeune commis pour les écritures, M. Pascal continuant à faire l'escompte d'excellentes valeurs.

L'entrée principale de son logis, précédée d'un vestibule, conduisait à l'antichambre et aux autres pièces : cet appartement, sans aucun luxe, était néanmoins confortable ; un valet de chambre pour l'intérieur, un enfant de quinze ans pour les commissions, suffisaient au service de M. Pascal ; cet homme ne faisant pas même excuser son immense richesse par ces magnificences fécondes, par ces larges dépenses qui alimentent le travail et l'industrie.

Ce matin là, vers neuf heures et demie, M. Pascal, vêtu d'une robe de chambre, se promenait avec agitation dans son cabinet ;

sa nuit avait été une longue et fiévreuse insomnie ; un espion bien payé, ayant eu depuis deux jours mission d'observer autant que possible ce qui se passait chez mademoiselle Antonine, avait rapporté à M. Pascal la visite du prince au président Hubert.

Cette démarche significative et prompte ne laissait au financier aucun doute sur la ruine de ses projets à l'endroit de la jeune fille ; cette cruelle déception se compliquait chez lui d'autres ressentiments : d'abord la rage de reconnaître que, malgré les millions dont il disposait, sa volonté, si opiniâtre qu'elle fût, était obligée de reculer devant des impossibilités d'autant plus poignantes, qu'il s'était cru et vu sur le point de réussir. Ce n'était pas tout : s'il n'éprouvait pas d'amour pour Antonine dans la généreuse acception du mot, il éprouvait pour cette ravissante enfant, l'un de ces ardents caprices, éphémères peut-être, mais d'une extrême vivacité, tant qu'ils durent; aussi avait-il fait ce raisonnement d'un féroce égoïsme :

« — Je veux posséder à tout prix cette
« petite fille ; je l'épouserai s'il le faut, et,
« quand j'en serai las, une pension de 12
« ou 15,000 francs m'en débarrassera ; je
« suis assez riche pour me passer cette fan-
« taisie. »

Tout ceci, quoique odieux, était, au point de vue de la société actuelle, parfaitement possible et légal, et c'est, nous le répétons, cette possibilité même qui rendait l'insuccès si douloureux à M. Pascal. Autre chose encore : ce qu'il ressentait pour Antonine, n'étant, après tout, qu'une ardeur sensuelle, ne comportait pas la préférence exclusive de l'amour ; aussi, tout en désirant passionnément cette jeune fille, d'une beauté virginale et candide, il n'en avait pas moins été vivement frappé de la beauté provoquante de Madeleine, et, par un raffinement de sensualité, qui redoublait aussi sa torture, M. Pascal avait, toute la nuit, évoqué à son imagination enflammée le contraste de ces deux adorables créatures.

A l'heure où nous le voyons chez lui.

M. Pascal était encore en proie à la même obsession.

— Malédiction sur moi! — se disait-il, en se promenant d'un pas inégal et fébrile. — Pourquoi ai-je vu cette damnée femme blonde, aux sourcils noirs, aux yeux bleus, au teint pâle, à la physionomie hardie, à la tournure provoquante? Elle me fait paraître plus désirable encore cette petite fille à peine éclose... Malédiction sur moi! ces deux figures vont-elles me poursuivre ainsi malgré moi?... ou plutôt, ma pensée désordonnée va-t-elle toujours ainsi les évoquer? Misère de Dieu! ai-je été assez sot... assez brute!... En m'y prenant autrement... je ne sais comment... mais enfin la chose était faisable, facile (et c'est là ce qui fait ma rage) je pouvais certainement, riche comme je le suis, épouser cette petite fille... et avoir l'autre pour maîtresse, car, je n'en doute pas, elle est la maîtresse de cet archiduc que Dieu confonde ; et je le défie de pouvoir lui donner autant d'argent que je lui en aurais donné, moi... Oui, oui, — reprit-il en serrant ses poings avec un redoublement de rage, — c'est à en devenir fou... fou furieux... de se dire : Je ne demandais pas, après tout, à avoir pour maîtresse l'impératrice de Russie, ou à épouser la fille de la reine d'Angleterre, ou autre... Qu'est-ce que je voulais ? me marier à une petite fille bourgeoise, nièce d'un vieux bonhomme de magistrat, qui n'a pas le sou... Est-ce qu'il n'y a pas cent exemples de mariages pareils ? et je n'ai pu réussir ! et j'ai près de trente millions de fortune! Misère de Dieu! Elle me sert à grand'chose, ma fortune!... pas même à enlever une belle maîtresse à cet automate de prince allemand! Après tout, elle ne doit l'aimer que pour son argent... il approche de la quarantaine, il est fier comme un paon, bête comme une oie, et froid comme une glace. Je suis plus jeune que lui, pas plus laid, et, s'il est archiduc, ne suis-je pas archimillionnaire? Et puis, j'ai sur lui l'avantage de l'avoir mis sous mes pieds, car cette maudite et insolente femme m'a entendu traiter son imbécile de prince comme un misérable... Elle lui a reproché devant moi de souffrir les humiliations que je lui imposais. Elle doit mépriser cet homme là!... et, comme toutes les femmes de son espèce, avoir un faible pour un homme énergique et rude qui a mis sous ses pieds ce grand flandrin couronné ; elle m'a impitoyablement traité devant lui... c'est vrai... mais pour le flatter;... nous connaissons ces roueries là... Oh! si je pouvais la lui enlever, cette femme!... quel triomphe!... quelle vengeance!... quelle consolation de mon mariage manqué!... Consolation? non... car l'une de ces deux femmes ne me fait pas oublier l'autre... Je ne sais si c'est l'âge, mais je ne me suis jamais connu une ténacité de désirs pareille à celle que j'éprouve pour cette petite fille... Enfin, n'importe, si je pouvais enlever au prince sa maîtresse... ce serait déjà la moitié de mon vouloir accompli... et, qui sait? cette femme connaît Antonine... elle semble avoir de l'influence sur elle... Oui, qui sait si, une fois à moi, je ne pourrais pas, à force d'argent, la décider à... Misère de Dieu ! — s'écria Pascal avec une explosion de joie farouche, — quel triomphe!... enlever sa femme à ce blond jouvenceau, et sa belle maîtresse à cet archiduc!... Quand ma fortune devrait y passer... cela sera !

Et notre homme, se redressant, sembla se grandir dans une attitude d'impérieuse volonté, tandis que ses traits prenaient une expression de joie diabolique.

— Allons... allons... — reprit-il en relevant la tête, — quoique j'en aie médit, comme un sot et comme un ingrat.. *l'argent est une belle chose.*

Puis, s'arrêtant pour réfléchir, il reprit, après quelques moments de silence :

— Voyons, du calme... engageons bien la chose... et surtout lestement. Mon espion saura ce soir où demeure la maîtresse de l'archiduc, à moins qu'elle n'habite au palais, ce qui n'est pas probable... Une fois sa demeure connue... — ajouta-t-il, en se frottant le menton d'un air méditatif,—une fois sa demeure connue, pardieu ! je lui dépêche cette vieille rouée de madame Doucet... la marchande à la toilette... C'est le vieux moyen... et toujours le meilleur... pour engager la chose avec les actrices, les bourgeoises et les femmes entretenues ; car, après tout... la maîtresse du prince ne doit pas être autre chose : elle est venue, tête nue, se jeter sans façon au beau milieu de notre conversation ; elle n'avait donc aucun ménagement à garder... Ainsi, je ne peux pas me servir d'un intermédiaire plus convenable que la mère Doucet... Mandons-la tout de suite.

M. Pascal était occupé à écrire à son bureau lorsque son valet de chambre entra.

— Qu'est-ce qu'il y a ? — demanda brusquement le financier, — je n'ai pas sonné...

— Monsieur... c'est une dame...

— Je n'ai pas le temps.

— Monsieur, c'est qu'elle vient pour une lettre de crédit.

— Qu'elle passe à la caisse.

— Cette dame voudrait parler à Monsieur.

— Impossible... Qu'elle passe à la caisse.

Le valet de chambre sortit.

Pascal continua d'écrire ; mais, au bout de quelques instants, le domestique revint.

— Ça finira-t-il? — cria M. Pascal. — Qu'est-ce encore?...

— Monsieur, c'est cette dame qui...

— Ah çà! est-ce que vous vous moquez du monde? Je vous ai dit de l'envoyer à la caisse!

— Cette dame m'a remis sa carte, en me disant de prier Monsieur de lire ce qu'elle venait d'écrire au bas au crayon.

— Voyons... donnez... C'est insupportable, — dit Pascal, en prenant la carte, où il lut ce qui suit :

LA MARQUISE DE MIRANDA,

Au dessous du nom, était écrit au crayon :

Elle a eu l'honneur de rencontrer hier M. Pascal à l'Élysée-Bourbon, chez S. A. l'archiduc Léopold.

La foudre serait tombée aux pieds de M. Pascal, qu'il n'eût pas été plus stupéfié; il ne put en croire ses yeux et relut une seconde fois la carte en se disant :

La marquise de Miranda... c'est donc une marquise!... Bah !.. elle est *marquise* comme *Lola-Montès est comtesse,* noblesse de cotillon; mais enfin... c'est elle... Elle ici... chez moi... au moment où je m'ingéniais à trouver le moyen de me mettre en rapport avec elle... Ah! Pascal, mon ami Pascal... ton étoile d'or, un moment cachée, brille enfin de tout son éclat... Et c'est sous le prétexte d'une lettre de crédit qu'elle vient ici... Voyons... voyons, Pascal, mon ami, du calme... on ne retrouve pas deux fois dans sa vie... une occasion pareille... Songe que si tu es habile... tu peux, du même coup de filet, prendre la maîtresse du prince et la femme de ce blond jouvenceau. Ah !... mon cœur bat d'une force !... Je suis sûr que je suis pâle...

— Monsieur... qu'est-ce que je dois répondre à cette dame ? — demanda le valet de chambre, étonné du silence prolongé de son maître.

— Un moment, drôle, attends mes ordres, — reprit brusquement Pascal.

— Allons... du calme, encore une fois du calme, — pensait-il. — L'émotion perdrait tout... paralyserait mes moyens... C'est une terrible partie à jouer... car, ayant si beau jeu... je crois, misère de Dieu! que je me brûlerais la cervelle de rage si j'avais la maladresse de perdre.

Après un moment de silence, pendant lequel il parvint à dominer son agitation intérieure, Pascal se dit :

— Me voilà remis, voyons-la venir... et jouons serré.

Et il ajouta tout haut :

— Faites entrer cette dame...

Le domestique sortit, et revint bientôt ouvrir la porte et annoncer :

— Madame la marquise de Miranda.

Madeleine, contre son habitude, était vêtue ce jour-là, non plus en *mère grand*, ainsi que, la veille, elle l'avait dit au prince, mais avec une fraîche élégance qui rendait sa beauté plus irrésistible encore : un chapeau de paille de riz à la **Paméla**, orné d'épis de blé mêlés de bleuets, dégageait et découvrait le visage et le cou de la marquise ; une fraîche robe de mousseline blanche, aussi semée de petits bleuets, dessinait les contours d'une taille incomparable, type achevé de la fine élégance, de la souplesse voluptueuse qui caractérise les créoles mexicaines, tandis que son écharpe de gaze ondulait légèrement selon les aspirations tranquilles d'un sein de marbre.

FIN DU DEUXIÈME VOLUME.

En vente :

LE MARI CONFIDENT,
Par Mme SOPHIE GAY.
2 volumes in-8.
Cet Ouvrage n'a pas paru dans les Journaux.

LES AMOURS D'UN FOU,
Par XAVIER DE MONTÉPIN.
4 volumes in-8.

LORD ALGERNON,
Par le Marquis DE FOUDRAS.
4 volumes in-8.

PIVOINE.
Par XAVIER DE MONTÉPIN.
2 volumes in-8.

UN AMI DIABOLIQUE,
Par A. DE GONDRECOURT.
3 volumes in-8.

LES VIVEURS D'AUTREFOIS,
Par le Marquis de FOUDRAS et X. de MONTÉPIN.
4 volumes in-8.

LE DOCTEUR SERVANS,
Par ALEXANDRE DUMAS Fils.
2 volumes in-8.

LE ROMAN D'UNE FEMME,
Par le Même. — 4 volumes in-8.

Les Chevaliers du Lansquenet,
Par le Marquis de FOUDRAS et X. de MONTÉPIN.
10 volumes in-8.

LES GENTILSHOMMES CHASSEURS,
Par le Marquis DE FOUDRAS.
2 volumes in-8.

CONFESSION D'UN BOHÊME,
Par XAVIER DE MONTÉPIN.
5 volumes in-8.
Cet Ouvrage n'a pas paru dans les Journaux.

Impr. de E. Dépée, à Sceaux (Seine).

www.ingramcontent.com/pod-product-compliance
Lightning Source LLC
Chambersburg PA
CBHW071301160426
43196CB00009B/1382